Elke Mauritius

Vom Satz zum Aufsatz

Band 1

ab Klasse 2

Hinweise zum Buch

1. Bei der Entwicklung einer **Lese- und Schreibkultur** ist das Verfassen von Texten von wesentlicher Bedeutung. Die auf den Arbeitsblättern angeregten Textproduktionen zielen auf Texte unterschiedlicher Art: **Erzählendes, sachbezogenes und appellierendes Schreiben** werden angeregt.

2. Die Inhalte beziehen sich auf den Erfahrungsbereich der Kinder und auf **Schreibsituationen** aus ihrem **Alltag**. Das heißt, dass die Kinder vor allem angeregt werden, Sachverhalte und Begebenheiten aus den eigenen Lebensbereichen darzulegen. So schreiben sie bei den Geschichten Gedanken und Gefühle für andere nachvollziehbar auf, stellen Sachverhalte in verständlicher Form dar, formulieren Alltägliches adressatengerecht und beachten beim realen und erdachten Erzählen sprachliche Mittel und Erzählzusammenhänge.

3. Die kommunikativen Fähigkeiten der Kinder sind unterschiedlich.
Deshalb gibt es jedes Arbeitsblatt in **zwei Varianten: A** – für Kinder mit Schwierigkeiten beim Verfassen von Texten / **B** – für fortgeschrittene Kinder.

4. Ausgangspunkt ist eine **Schreibsituation**, die analysiert und beim Schreiben beachtet werden soll. Konkrete Hinweise zum **Textaufbau** und zum **Einsatz sprachlicher Mittel** ergänzen diese.

Ein wichtiges Arbeitsverfahren ist das Markieren im Text. Die Kinder sollten dazu einen Textmarker nutzen – entsprechend der Leitfigur „Checki".

5. Auf den Seiten **80 bis 82** ist die Vorlage für ein **Korrekturheft** zu finden, das von den Kindern hergestellt werden kann.
(**Bastelanleitung:** Blätter doppelseitig kopieren, an der geschlossenen Linie durchschneiden, Blätter in der Mitte falten, in der Reihenfolge der Nummern zum Heft zusammenlegen und das Heft klammern.)
So bekommen sie ein Instrument in die Hand, eigene und fremde Texte zu korrigieren. Auf den darauf folgenden Seiten sind einige Beispieltexte, an denen das **Bewerten und Überarbeiten** von Texten geübt werden kann. Wenn die Kinder eigene Texte überarbeiten sollen, kann der Lehrer Hinweise geben, mit welchem Punkt oder welchen Punkten der Text überarbeitet werden soll.
Die Kinder können jedoch auch selbstständig anhand des Heftes Texte überarbeiten.

6. Der Sinn des Verfassens von Texten besteht in deren Veröffentlichung. Zunächst können die Kinder in der Gruppe ihre Texte vortragen, sich darüber beraten und sie so in der Wirkung erproben. Dann können unterschiedliche Formen der Veröffentlichung genutzt werden.

Gedruckt auf umweltbewusst gefertigtem, chlorfrei gebleichtem und alterungsbeständigem Papier.

12. Auflage 2018
© 2005 Persen Verlag, Hamburg
AAP Lehrerfachverlage GmbH
Alle Rechte vorbehalten.

Das Werk als Ganzes sowie in seinen Teilen unterliegt dem deutschen Urheberrecht. Der Erwerber des Werkes ist berechtigt, das Werk als Ganzes oder in seinen Teilen für den eigenen Gebrauch und den Einsatz im Unterricht zu nutzen. Die Nutzung ist nur für den genannten Zweck gestattet, nicht jedoch für einen weiteren kommerziellen Gebrauch, für die Weiterleitung an Dritte oder für die Veröffentlichung im Internet oder in Intranets. Eine über den genannten Zweck hinausgehende Nutzung bedarf in jedem Fall der vorherigen schriftlichen Zustimmung des Verlages.

Sind Internetadressen in diesem Werk angegeben, wurden diese vom Verlag sorgfältig geprüft. Da wir auf die externen Seiten weder inhaltliche noch gestalterische Einflussmöglichkeiten haben, können wir nicht garantieren, dass die Inhalte zu einem späteren Zeitpunkt noch dieselben sind wie zum Zeitpunkt der Drucklegung. Der Persen Verlag übernimmt deshalb keine Gewähr für die Aktualität und den Inhalt dieser Internetseiten oder solcher, die mit ihnen verlinkt sind, und schließt jegliche Haftung aus.

Illustrationen: Friederike Großekettler
Layout, Satz: www.HeliFehmarn.de
Überarbeitung: MouseDesign Medien AG

ISBN 978-3-8344-**3656**-6

www.persen.de

Inhalt

1	**Hinweise zum Buch**	
2	**Alltagstexte**	**4 - 21**
2. 1	Etwas beschriften	4 / 5
2. 2	Wünsche aufschreiben (1)	6 / 7
2. 3	Wünsche aufschreiben (2)	8 / 9
2. 4	Sich bedanken	10 / 11
2. 5	Eine Nachricht aufschreiben (1)	12 / 13
2. 6	Eine Nachricht aufschreiben (2)	14 / 15
2. 7	Eine Einladung schreiben (1)	16 / 17
2. 8	Eine Einladung schreiben (2)	18 / 19
2. 9	Stichpunkte notieren	20 / 21
3	**Erzählende Texte**	**22 - 51**
3. 1	Aufbau einer Geschichte (1)	22 / 23
3. 2	Aufbau einer Geschichte (2)	24 / 25
3. 3	Abschnitte einer Geschichte – Einleitung	26 / 27
3. 4	Abschnitte einer Geschichte – Hauptteil	28 / 29
3. 5	Abschnitte einer Geschichte – Schluss	30 / 31
3. 6	Überschriften	32 / 33
3. 7	Texte kürzen	34 / 35
3. 8	Lange Sätze teilen	36 / 37
3. 9	Treffende Wörter finden	38 / 39
3.10	Wörtliche Rede – Begleitsätze	40 / 41
3.11	Wörtliche Rede (1)	42 / 43
3.12	Wörtliche Rede (2)	44 / 45
3.13	Wörtliche Rede (3)	46 / 46
3.14	Eine Bildgeschichte schreiben (1)	48 / 49
3.15	Eine Bildgeschichte schreiben (2)	50 / 51
4	**Sachtexte**	**52 - 57**
4. 1	Einen Sachtext bearbeiten (1)	52 / 53
4. 2	Einen Sachtext bearbeiten (2)	54 / 55
4. 3	Einen Sachtext schreiben	56 / 57
5	**Beschreibende Texte**	**58 - 79**
5. 1	Wörter austauschen	58 / 59
5. 2	Interessante Sätze schreiben	60 / 61
5. 3	Merkmale beschreiben (1)	62 / 63
5. 4	Merkmale beschreiben (2)	64 / 65
5. 5	Einen Gegenstand beschreiben (1)	66 / 67
5. 6	Einen Gegenstand beschreiben (2)	68 / 69
5. 7	Satzanfänge beachten	70 / 71
5. 8	Eine Tätigkeit beschreiben (1)	72 / 73
5. 9	Eine Tätigkeit beschreiben (2)	74 / 75
5.10	Treffende Wörter einsetzen	76 / 77
5.11	Eine Spielbeschreibung	78 / 79
6	**Texte korrigieren**	**80 - 91**
6. 1	Korrekturheft (siehe Hinweise)	80 - 82
6. 2	Korrekturtexte	84 - 91

Etwas beschriften

Situation: In der 2. Klasse kannst du deine Hefte und Bücher schon selbst beschriften.

• Ordne richtig zu.

Klasse		Mathematik
Fach		Heike Schmidt
Name		Klasse 2c

•• Was fehlt? Ergänze.

```
Schreiben                    _____
Sandra Bosch                 Rocco Stein
_____                  _____
```

••• Beschrifte deine Hefte.

Situation: Du fährst ins Schullandheim.

•••• Beschrifte den Gepäckanhänger mit deiner Adresse.

Adrian Hilsen
Wiesenstraße 5
22765 Hamburg

Etwas beschriften

Situation: In der 2. Klasse kannst du deine Hefte und Bücher schon selbst beschriften.

● Ordne richtig zu.

Klasse		Mathematik
Fach		Heike Schmidt
Name		Klasse 2c

●● Was fehlt? Ergänze.

Schreiben
_____
Klasse

Situation: Du fährst ins Schullandheim.

●●● Beschrifte den Gepäckanhänger mit deiner Adresse.

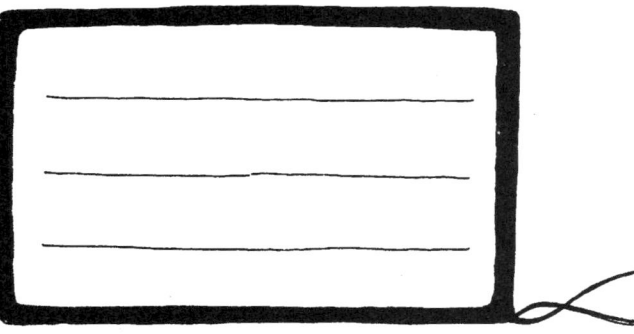

Adrian Hilsen
Wiesenstraße 5
22765 Hamburg

Situation: Ihr gestaltet eine Ferienausstellung.

●●●● Beschrifte die Ausstellungsgegenstände.

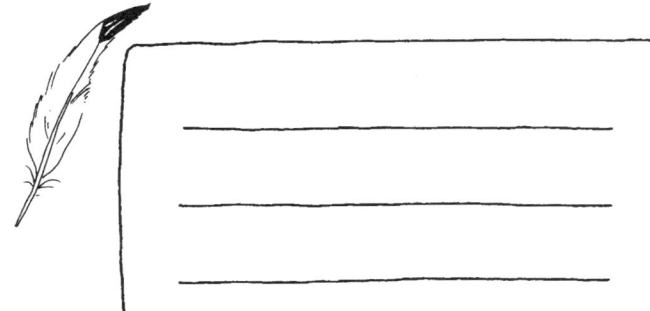

Hühnergott
Fundort: Ostseeküste
ausgestellt von: Mira

Elke Mauritius: Vom Satz zum Aufsatz
© Persen Verlag

Wünsche aufschreiben

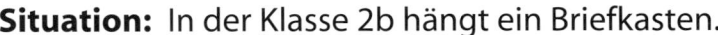

Situation: In der Klasse 2b hängt ein Briefkasten.
Dort kann jeder Schüler kleine Briefe einstecken.
Einmal in der Woche wird der Kasten geleert.
Die Briefe werden im Sitzkreis vorgelesen und besprochen.
In dieser Woche dürfen die Kinder ihre Wünsche aufschreiben.

● Lies den Brief. Markiere die Stichpunkte verschiedenfarbig.

> Liebe Frau Schade,
>
> wir wünschen uns,
> dass jedes Geburtstagskind
> einen Hausaufgaben-
> Gutschein bekommt.
>
> Mareile und Michael

🐇 **Anrede**
🐇 **Einleitung** des Wunsches
🐇 **Welcher Wunsch?**
🐇 **Unterschrift**

●● Schreibe auf.

a) Wie heißt die **Anrede?**

b) Mit **welchen** Wörtern wird der Wunsch **eingeleitet**?

c) **Welchen** Wunsch haben die Kinder?

d) **Wer** hat den Wunsch **unterschrieben**?

●●● Arbeite im Heft: Schreibe den Wunsch geordnet auf.

| Die Klasse 2b | wir wünschen uns sehr, | Liebe Frau Schade, |

| dass wir an einem Nachmittag ins Kino gehen und den Film „Harry Potter" ansehen. |

Wünsche aufschreiben

B1

Situation: In der Klasse 2b hängt ein Briefkasten.
Dort kann jeder Schüler kleine Briefe einstecken.
Einmal in der Woche wird der Kasten geleert.
Die Briefe werden im Sitzkreis vorgelesen und besprochen.
In dieser Woche dürfen die Kinder ihre Wünsche aufschreiben.

Liebe Frau Schade,

wir wünschen uns,
dass jedes Geburtstagskind
einen Hausaufgaben-
Gutschein bekommt.

Mareile und Michael

An den Gruppentisch 3,

hallo, es wäre gut, wenn ihr
bei der Gruppenarbeit
weniger quatschen würdet.
Wir können uns sonst nicht
konzentrieren.

Die Kinder von Tisch 2

Hi Marc, hi Angelo,

ich möchte gerne öfter
in der Pause mit euch
Fußball spielen.

Stefan

Jenny,
könntest du mir bitte
die Stifte zurückgeben, wenn
du sie nicht mehr brauchst?

Deine Katrin

● Lies einen Brief. Markiere verschiedenfarbig und schreibe heraus.

🐾 **Anrede**

🐾 Mit **welcher Formulierung** beginnt der Wunsch?

🐾 **Welcher Wunsch?**

🐾 **Unterschrift**

●● Markiere in den anderen Briefen wie in Aufgabe ●.

Elke Mauritius: Vom Satz zum Aufsatz
© Persen Verlag

Wünsche aufschreiben

● Ergänze die Einleitung des Wunsches in den Briefen.

| könntest du mir bitte | ich möchte gern | es wäre gut |

A2

a)
An den Gruppentisch 3!
Hallo,
_____ ,
wenn ihr bei der Gruppenarbeit weniger quatschen würdet. Wir können uns sonst nicht konzentrieren.
Die Kinder von Tisch 2

b) Hi Marc, hi Angelo,
_____
_____
öfter in der Pause mit euch Fußball spielen.
Stefan

c) Jenny,
_____ die Stifte
zurückgeben, wenn du sie nicht mehr brauchst.
Deine Katrin

●● Lies, was die Kinder sich wünschen. Schreibe deinen größten Wunsch auf.

Ich wäre gern ein berühmter Popstar...

Mein größter Wunsch wäre es, zaubern zu können...

_____
_____

Wünsche aufschreiben

Mein Wunsch für die Klasse...

- Schreibe deinen Wunsch für euren Klassenbriefkasten auf. Die Formulierungen helfen dir bei der Einleitung.

- Ich möchte gern...
- Mein größter Wunsch...
- Könnten wir...
- Es wäre schön, wenn...

- **Anrede**
- **Einleitung** des Wunsches
- **Welcher Wunsch?**
- **Unterschrift**

Mein größter Wunsch...

- Mit welchen sprachlichen Formulierungen werden die Wünsche eingeleitet? Markiere sie.

Arbeite im Heft:

- Was passiert, wenn sich die Wünsche erfüllen? Schreibe es bei einem Wunsch auf.
- Schreibe deinen größten Wunsch auf. Was ist, wenn der Wunsch sich erfüllt?

Sich bedanken

Situation: Marion rutschte beim Einkaufen im Supermarkt das Handy unbemerkt aus der Tasche. Zu Hause suchte sie es dann vergeblich. Endlich fiel ihr der Supermarkt ein. Sie ging zurück und erkundigte sich bei der Information. Tatsächlich hatte eine unbekannte Frau das Handy abgegeben. Marion möchte sich bei ihr bedanken.

● Beantworte die Fragen.

a) **Bei wem** will sich Marion bedanken?

b) **Warum** will sie sich bedanken?

c) **Wie** könnte sie sich bedanken?

Marion schreibt einen Brief und bittet darum, ihn im Supermarkt aushängen zu dürfen.

● Markiere verschiedenfarbig.

- **Anrede**
- **Einleitung** des Dankes
- **Wofür** wird gedankt?
- **Gruß**
- **Unterschrift**

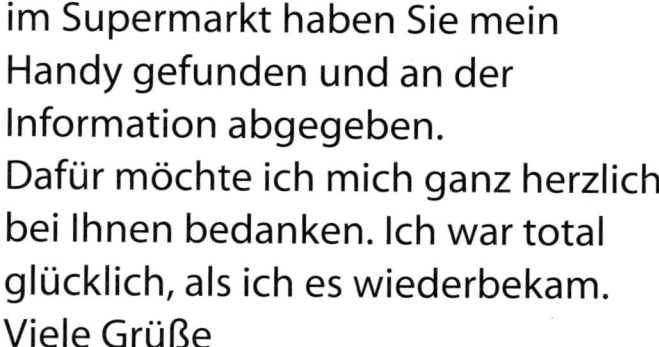

An die ehrliche Finderin

Danke!

Liebe unbekannte Finderin,

im Supermarkt haben Sie mein Handy gefunden und an der Information abgegeben.
Dafür möchte ich mich ganz herzlich bei Ihnen bedanken. Ich war total glücklich, als ich es wiederbekam.
Viele Grüße

Marion Schmidt

Sich bedanken

Situation: Marion rutschte beim Einkaufen im Supermarkt das Handy unbemerkt aus der Tasche. Zu Hause suchte sie es dann vergeblich. Endlich fiel ihr der Supermarkt ein. Sie ging zurück und erkundigte sich bei der Information. Tatsächlich hatte eine unbekannte Frau das Handy abgegeben. Marion möchte sich bei ihr bedanken.

● Beantworte die Fragen.
   a) Bei **wem** will sich Marion bedanken?
   b) **Warum** will sie sich bedanken?
   c) **Wie** könnte sie sich bedanken?

Unterstreiche die Antworten im Text!

Marion schreibt einen Brief und bittet darum, ihn im Supermarkt aushängen zu dürfen. Wie könnte der Brief aussehen?

●● Schreibe dir zuerst Stichpunkte auf.

- **Anrede**
- **Einleitung** des Dankes
- **Wofür** wird gedankt?
- **Gruß**
- **Unterschrift**

●● Schreibe den Brief.

Eine Nachricht aufschreiben

Situation: Deine Freundin Sandra ruft an.
Ihr wollt heute Nachmittag in die Reithalle gehen
und um 17.00 Uhr wieder zurück sein.
Deine Mutti ist nicht zu Hause. Du kannst ihr nicht
Bescheid sagen. Deshalb schreibst du einen Zettel für sie.

A1

● **Warum** willst du einen Zettel schreiben?

●● Markiere im Text:

    a) **An wen** schreibst du einen Zettel?

    b) **Was** willst du mitteilen? (Mit wem? Wo? Wann zurück?)

●●● Ergänze die Nachricht.

Notizen

- **Anrede** für deine Mutti   Liebe _____ ,
- Mit **wem** triffst du dich?   ich fahre mit _____
- **Wo** seid ihr?   in die _____ .
- **Wann** bist du zurück?   Ich bin um _____ Uhr wieder zurück.
- **Unterschrift**   _____

Eine Nachricht aufschreiben

B1

Situation: Es ist gleich 15.00 Uhr. Deine Freundin Sandra ruft an.
Ihr wollt euch heute Nachmittag verabreden.
Sandra schlägt vor, in die Reithalle zu gehen.
Du möchtest von deiner Freundin abgeholt werden.
In der Reithalle wollt ihr eine Stunde bleiben.
Pünktlich 17.00 Uhr willst du wieder zu Hause sein.
Deine Mutter ist nicht zu Hause. Du kannst ihr nicht Bescheid sagen.
Deswegen willst du ihr einen Zettel schreiben.

- **Warum** willst du einen Zettel schreiben?

- Unterstreiche verschiedenfarbig im Text:

    a) **An wen** schreibst du einen Zettel?

    b) **Was** willst du mitteilen? (Mit wem? Wo? Wann?)

- Schreibe auf den Zettel:

    Notizen

    - **Anrede**
    - Mit **wem**?
    - **Wo**?
    - **Wann** zurück?
    - **Unterschrift**

Elke Mauritius: Vom Satz zum Aufsatz
© Persen Verlag

Eine Nachricht aufschreiben

A2

● Dennis hat seinem Vati einen Zettel geschrieben.
  Was hat Dennis vergessen?

a) Überprüfe die Nachricht. Kreuze an.

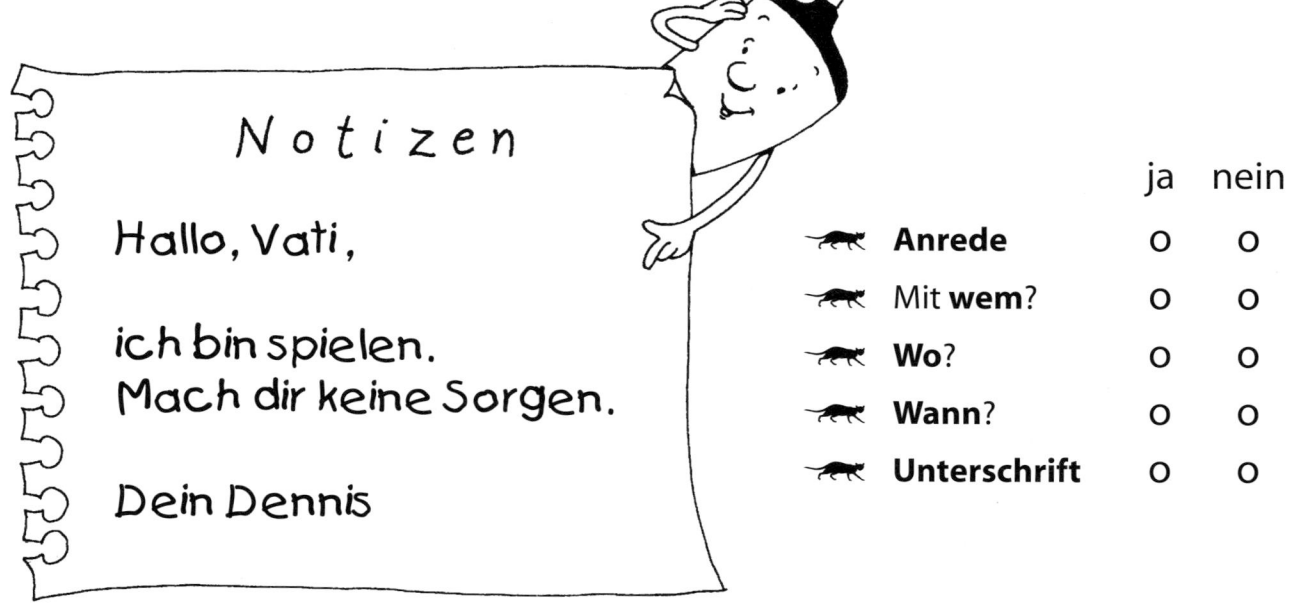

	ja	nein
Anrede	o	o
Mit **wem**?	o	o
Wo?	o	o
Wann?	o	o
Unterschrift	o	o

b) Ergänze die Nachricht.

Notizen

- **Anrede** — Lieber _____,
- Mit **wem**? — ich bin mit _____
- **Wo**? — auf dem _____.
- **Wann**? — Pünktlich _____
- bin ich wieder zu Hause.
- **Unterschrift** — _____

Lösungswörter:

Dennis · 18.00 Uhr · Vati · Fußballplatz · Alexander

Eine Nachricht aufschreiben

B2

● Dennis hat seinem Vati einen Zettel geschrieben.
Was hat Dennis vergessen?

a) Überprüfe die Nachricht. Kreuze an.

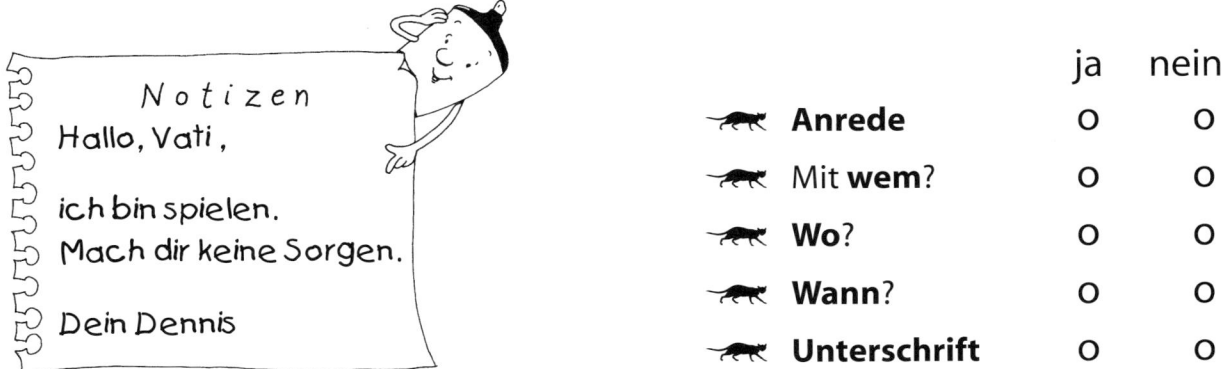

	ja	nein
Anrede	o	o
Mit **wem**?	o	o
Wo?	o	o
Wann?	o	o
Unterschrift	o	o

b) Schreibe die Nachricht neu.
Denke dir die fehlenden Informationen aus.

- **Anrede**
- Mit **wem**?
- **Wo**?
- **Wann**?
- **Unterschrift**

●● Du gehst heute Nachmittag weg. Deine Mutti ist nicht zu Hause.
Was schreibst du ihr auf den Zettel?

- **Anrede**
- Mit **wem**?
- **Wo**?
- **Wann**?
- **Unterschrift**

Eine Einladung schreiben

Situation: Du willst deine Freunde zu einer
Halloween-Party einladen.
Die Party findet am 31. Oktober statt.
Ihr dürft bei deiner Oma in der Gartenstraße 7
auf dem Dachboden feiern.
Alle Gäste sollen verkleidet kommen.
Die Feier soll um 17.00 Uhr beginnen und endet um 21 Uhr.

● Überlege, was du in die Einladung schreibst. Unterstreiche verschiedenfarbig im Text.
Schreibe auf.

a) **Wen** lädst du ein?

b) **Warum** lädst du ein?

c) **Wo** feierst du?

d) **Wann** soll die Party beginnen?

e) **Woran** sollen deine Gäste denken?

●● Ergänze die Einladung.

🐦 **Anrede**

🐦 **Warum**?

🐦 **Wo** ist die Feier?

🐦 **Wann** beginnt die Party?

🐦 **Woran** sollen die Freunde denken?

🐦 **Unterschrift**

Hallo _____ ,

ich lade dich zu meiner

_____

am 31. Oktober herzlich ein.

Die Party findet bei meiner Oma in

der _____ statt.

Bitte komm um _____ Uhr.

Denke an die _____ .

_____

16

Eine Einladung schreiben

Situation: Du möchtest deine Freunde zu deiner
Halloween-Party einladen. Deine Oma hat
ein altes Haus in der Gartenstraße 7.
Alle Gäste sollen sich verkleiden.
Halloween feiern wir am 31. Oktober.
Die Party soll um 17.00 Uhr beginnen und um 21 Uhr enden.
Es gibt Hexenpunsch und Kürbissuppe mit Krähenfüßen.

❶ Überlege, was du in die Einladung schreibst.
Unterstreiche verschiedenfarbig im Text. Schreibe auf.

    a) **Wen** lädst du ein?

    b) **Warum** lädst du ein?

    c) **Wo** feierst du?

    d) **Wann** soll die Party beginnen?

    e) **Woran** sollen deine Gäste denken?

❷ Schreibe die Einladung.

🐿 **Anrede**

🐿 **Warum?**

🐿 **Wo?**

🐿 **Wann?**

🐿 **Woran?**

🐿 **Unterschrift**

Elke Mauritius: Vom Satz zum Aufsatz
© Persen Verlag

Eine Einladung schreiben

Situation: Die Kinder der Klasse 2a wollen zum Kartoffelfest einladen.

● Überprüfe die Einladung. Kreuze an.

Einladung

Liebe Klasse 1b,

wir laden euch zu unserem Kartoffelfest ein. Bringt alle was mit.

Die Schüler der Klasse 2a

	ja	nein
🐦 **Anrede**	o	o
🐦 **Warum?**	o	o
🐦 **Wo** ist die Feier?	o	o
🐦 **Wann?**	o	o
🐦 **Woran** sollen sie denken?	o	o

●● Ergänze die Einladung.

🐦 **Anrede**

🐦 **Warum?**

🐦 **Wo?**

🐦 **Wann?**

🐦 **Woran?**

🐦 **Unterschrift**

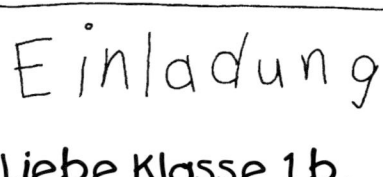

Einladung

Liebe Klasse 1b,

wir laden euch zum _____

in unserem _____

ein. Bitte kommt um _____

Bringt eure _____ mit.

Die _____ der Klasse 2a.

Lösungswörter:

Getränke · Schüler · Kartoffelfest · 15.00 Uhr · Klassenzimmer

Eine Einladung schreiben

Situation: Die Kinder der Klasse 2a wollen zum Kartoffelfest einladen.

• Überprüfe die Einladung. Kreuze an.

Einladung

Liebe Klasse 1b,

wir laden euch zu unserem Kartoffelfest ein. Bringt alle was mit.

Die Schüler der Klasse 2a

	ja	nein
Anrede	o	o
Warum?	o	o
Wo ist die Feier?	o	o
Wann?	o	o
Woran sollen sie denken?	o	o

•• Ergänze die fehlenden Informationen und schreibe die Einladung vollständig.

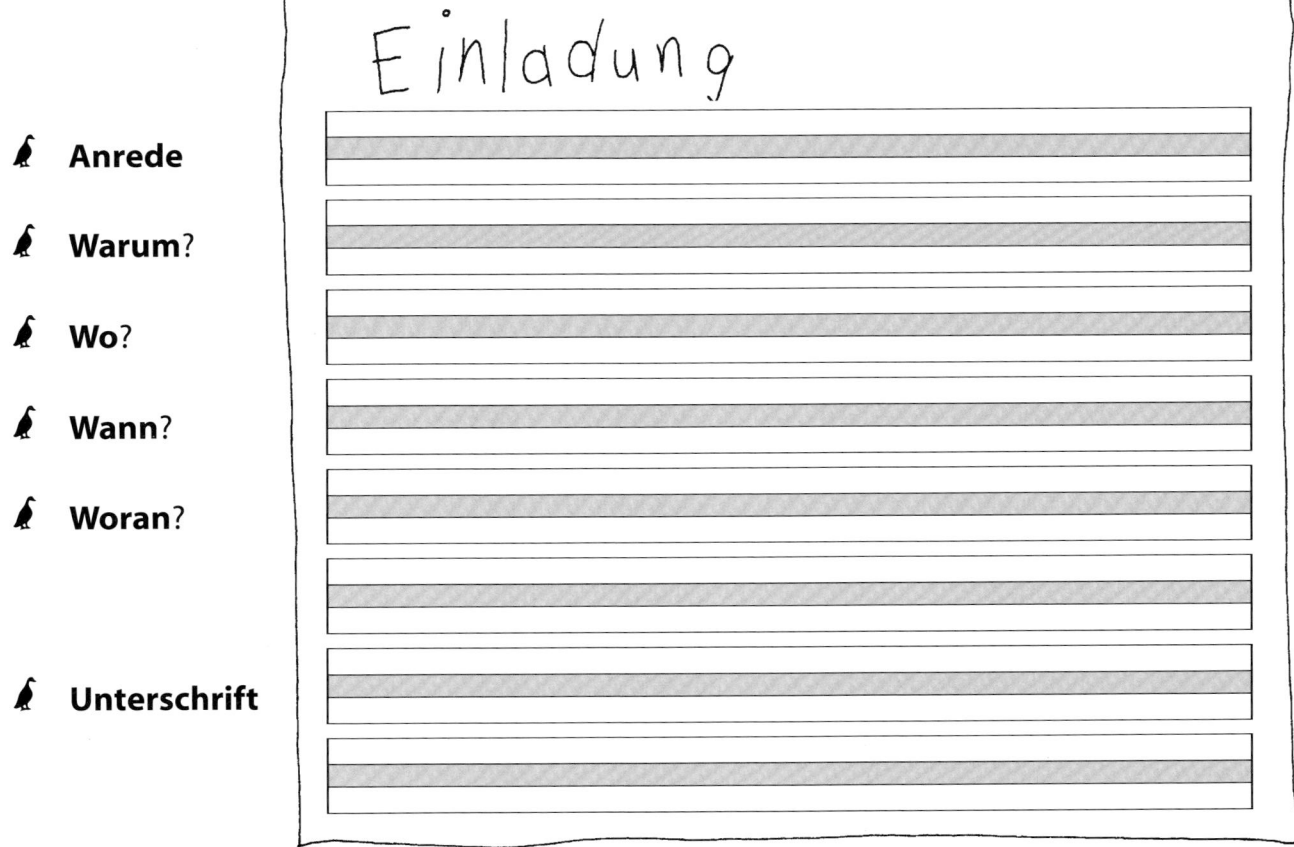

- **Anrede**
- **Warum?**
- **Wo?**
- **Wann?**
- **Woran?**
- **Unterschrift**

••• Schreibe eine Einladung zum Geburtstag. Gestalte sie.

Stichpunkte notieren

Situation: Die nächste Schuldisco sollte am Freitag, dem 29. März, ab 18.00 Uhr stattfinden. Den Klassensprechern gelang es rasch, die Aufgaben zu verteilen, weil sich alle auf diese Party freuten. Die Schüler der 5. Klasse übernahmen die Gestaltung der Einladung und der Plakate. Nur über das Ende der Disco wurde lange gestritten. Schließlich einigten sich die Schüler und Lehrer auf 22.00 Uhr.

● **Fatma**, die Klassensprecherin der 5. Klasse, möchte sich die **wichtigsten Infos** notieren.
   a) Hilf ihr dabei. Unterstreiche zuerst das Wichtigste im Text.
   b) Beachte beim Aufschreiben der Infos die Schwerpunkte.

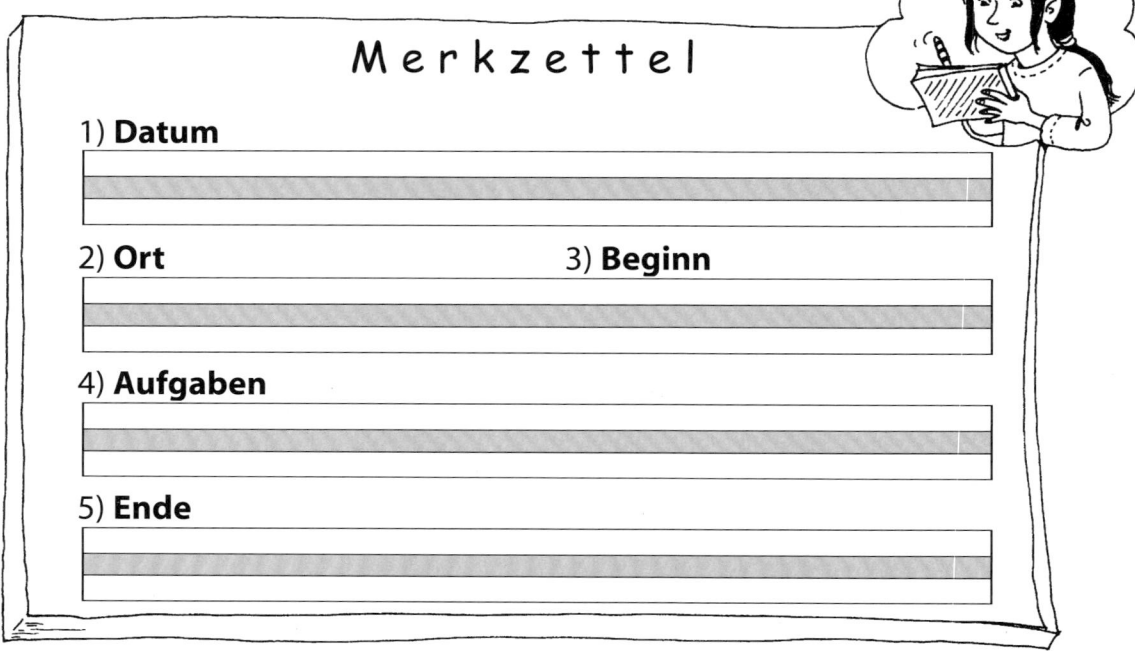

Merkzettel

1) **Datum**

2) **Ort**   3) **Beginn**

4) **Aufgaben**

5) **Ende**

●● Welche wichtigen Informationen wurden auf den Zetteln vergessen? Schreibe auf.

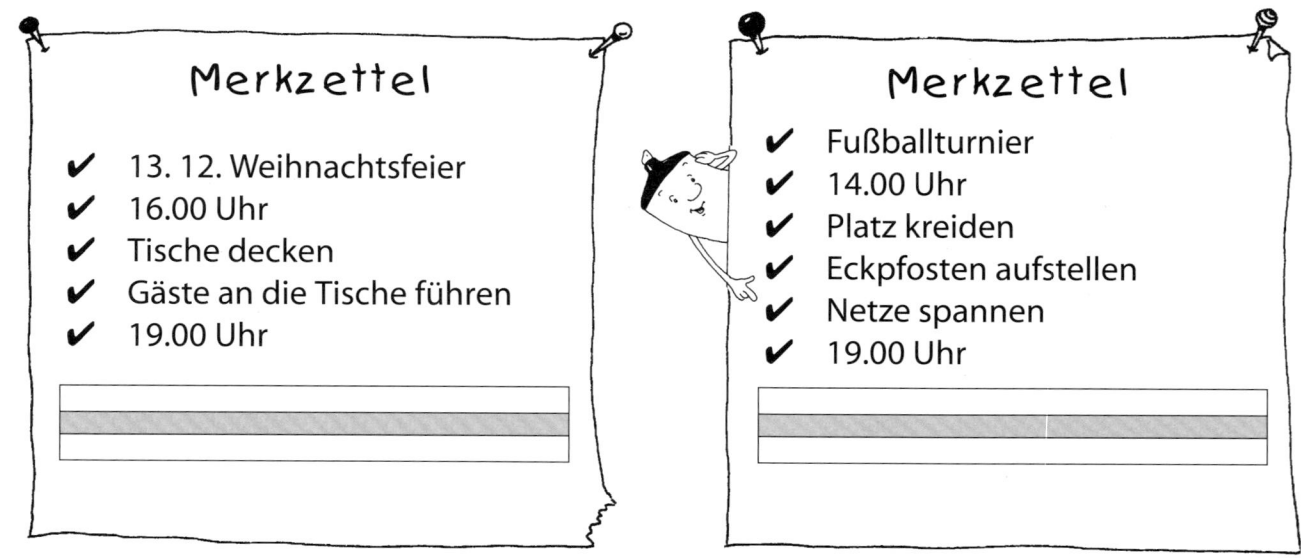

Merkzettel

✔ 13. 12. Weihnachtsfeier
✔ 16.00 Uhr
✔ Tische decken
✔ Gäste an die Tische führen
✔ 19.00 Uhr

Merkzettel

✔ Fußballturnier
✔ 14.00 Uhr
✔ Platz kreiden
✔ Eckpfosten aufstellen
✔ Netze spannen
✔ 19.00 Uhr

Stichpunkte notieren

B

Situation: Die Klassensprecher planten die nächste Schuldisco:
Die Disco sollte am Freitag, dem 29. März,
um 18.00 Uhr stattfinden.
Alle Klassen wollten bei der Vorbereitung mithelfen.
Die Aufgaben konnten schnell verteilt werden,
weil sich alle auf die Party freuten.
Die Schüler der 5. Klasse übernahmen die Gestaltung
der Einladung und der Discoplakate.
Die Jungen der 6. und 7. Klassen wollten die
Getränke besorgen. Das Schmücken und Ausräumen
der Pausenhalle übernahmen die Mädchen.
Über die Dauer der Veranstaltung wurde lange diskutiert.
Schließlich einigten sich die Schüler und Lehrer
auf eine Zeitdauer von vier Stunden.

● **Fatma**, die Klassensprecherin der 5. Klasse,
möchte sich die **wichtigsten Infos** notieren.

a) Hilf ihr dabei. Unterstreiche zuerst das Wichtigste im Text.
b) Beachte beim Aufschreiben der Infos die Schwerpunkte.

Merkzettel

1) **Datum**

2) **Ort**   3) **Beginn**

4) **Aufgaben**

5) **Ende**

●● Notiere in Stichpunkten, was **Fatma** und ihre Mitschüler für die Erledigung ihrer Aufgaben brauchen.

Aufbau einer Geschichte

A1

● Lies zuerst die ganze Geschichte. Unterstreiche die beste Überschrift.

Überschrift

1) Eine Tiergeschichte
2) Pech gehabt?
3) Der Fotoapparat

●● Unterstreiche die Antworten.

Einleitung:
Wer?
Wo?
Wann?

Zum Geburtstag hat Alex einen Fotoapparat geschenkt bekommen. Gleich am nächsten Tag geht er damit in den Stadtpark.
Er entdeckt ein Eichhörnchen.

●●● Unterstreiche wichtige Wortgruppen.

Hauptteil:
Was passiert?
(Wie? Warum?)
Welche Gedanken und Gefühle haben die Personen?

Vorsichtig schleicht er auf das Tier zu.
Das Eichhörnchen bemerkt ihn und läuft weg. Alex rennt hinterher.
„Wie gern hätte ich ein Foto von dem Eichhörnchen", denkt Alex.
Alex stolpert und fällt hin.
Seine Hose ist zerrissen und sein Knie blutet.

Schluss

Ein alter Mann hat Alex bemerkt und hilft ihm auf.
Dann zeigt er auf seinen Hund und sagt:
„Fotografiere doch meinen Hasko, der rennt nicht weg!"

●●●●● Schreibe einen anderen Schluss.

_____
_____

22

Elke Mauritius: Vom Satz zum Aufsatz
© Persen Verlag

Aufbau einer Geschichte

● Lies zuerst die ganze Geschichte. Unterstreiche die beste Überschrift.

Überschrift

1) Eine Tiergeschichte
2) Mein Erlebnis
3) Pech gehabt?

●● Unterstreiche die Antworten.

Einleitung:
Wer?
Wo?
Wann?

Zum Geburtstag hat Alex einen Fotoapparat geschenkt bekommen. Gleich am nächsten Tag geht er damit in den Stadtpark.
Auf der Lehne einer Parkbank entdeckt er ein Eichhörnchen.
„Das gibt ein super Foto", denkt er.

●●● Unterstreiche wichtige Wortgruppen.

Hauptteil:
Was passiert?
(Wie? Warum?)
Welche Gedanken und Gefühle haben die Personen?

Vorsichtig schleicht er auf das possierliche Tierchen zu.
Das Eichhörnchen stutzt, springt von der Lehne auf den Boden und läuft weg. Alex rennt hinterher.
„Wie gern hätte ich ein Foto von dem Eichhörnchen", denkt Alex.
Eine dicke Baumwurzel ragt aus der Erde heraus.
Alex stolpert und fällt hin. Seine Hose ist zerrissen und sein Knie blutet. Alex hat furchtbare Schmerzen.

Schluss

Ein alter Mann hat Alex bemerkt und hilft ihm auf.
Dann zeigt er auf seinen Hund und sagt:
„Fotografiere doch meinen Hasko, der rennt nicht weg!"

●●●● Schreibe einen anderen Schluss.

Aufbau einer Geschichte

- Lies zuerst die ganze Geschichte.
  Unterstreiche dann die beste Überschrift.

Überschrift

1) Die Kinder
2) Ein Riesenschreck!

- Unterstreiche die Antworten.

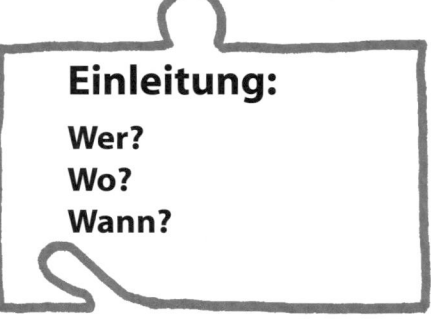
Einleitung:
Wer?
Wo?
Wann?

Vor dem Affengehege drängeln sich
samstags immer viele Leute.
Auch Marco und Tina schauen
den lustigen Kunststücken der Affen zu.

- Unterstreiche wichtige Wortgruppen.

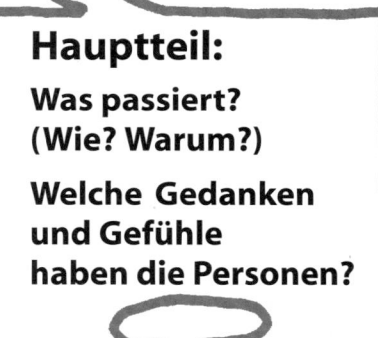
Hauptteil:
Was passiert?
(Wie? Warum?)
Welche Gedanken
und Gefühle
haben die Personen?

Ein Affe versucht Tinas Brötchen
aus der Hand zu reißen.
Tina erschrickt.
Sie läuft schnell weg.
Dabei rennt sie fast einen Tierpfleger um.
Er fragt sie, wovor sie Angst hat.
Tina erzählt es.
Der Tierpfleger schenkt ihr eine Tüte Affenfutter.

- Schreibe einen Schluss.

Aufbau einer Geschichte

- Lies zuerst die ganze Geschichte.
  Unterstreiche dann die beste Überschrift.

Überschrift

1) Die Kinder
2) Im Tierpark
3) Ein Riesenschreck!

- Unterstreiche die Antworten.

Einleitung:
Wer?
Wo?
Wann?

Vor dem Affengehege drängeln sich samstags immer viele Leute.
Auch Marco und Tina schauen den lustigen Kunststücken der Affen zu.

- Unterstreiche wichtige Wortgruppen.

Hauptteil:
Was passiert?
(Wie? Warum?)
Welche Gedanken und Gefühle haben die Personen?

Tina will gerade in ihr Brötchen beißen.
Mit einem Satz ist der Affe in Tinas Nähe.
Blitzschnell versucht er, ihr das Brötchen aus der Hand zu reißen.
Tina bekommt so einen Schreck, dass sie schnell wegläuft.
Dabei rennt sie fast einen Tierpfleger um.
Er fragt Tina, was passiert sei. Sie erzählt es.
Der Tierpfleger lacht und schenkt ihr eine Tüte Affenfutter.

Schluss

Marco wartet noch vor dem Affengehege.

- Schreibe einen Schluss.

Abschnitte einer Geschichte – Einleitung

Die Einleitung soll kurz in die Handlung einführen und zum Weiterlesen verlocken. Deshalb darf sie nicht langweilig sein. Wichtige Informationen können sein:

- Wer?
- Wo?
- Wann?

● Unterstreiche die wichtigen Informationen in der Einleitung 1.

Einleitung 1:
Ein Geburtstagsgeschenk

Steffi kauft am Samstag auf dem Flohmarkt
ein glitzerndes Armband für ihre Mutti.
Sie fährt mit dem Bus nach Hause.
Dort will sie ihr Geschenk einwickeln.
Aber wo ist es?

●● Die zweite Einleitung enthält unwichtige Informationen.
Streiche sie durch.

Einleitung 2:
Ein Geburtstagsgeschenk

Es ist Samstag. Steffi fährt zum Flohmarkt
in der Altländer Straße. An einem Buchstand
trifft sie Jana aus ihrer Klasse.
An einem Stand mit Schmuck entdeckt sie ein
schönes, glitzerndes Armband. „Das könnte ich doch
Mutti zum Geburtstag schenken", denkt sie.
Steffi überlegt nicht lange und kauft das Armband
für ihre Mutti zum Geburtstag.
Dann geht sie zur Bushaltestelle.
Steffi wartet lange auf den Bus.
Als der Bus kommt, steigt sie ein
und fährt nach Hause. Zu Hause will sie das
Geschenk gleich in Geschenkpapier einwickeln.
Aber wo ist das Armband?

●●● Schreibe deine Einleitung zu dieser Geschichte.
Arbeite im Heft.

Abschnitte einer Geschichte – Einleitung

Die Einleitung soll kurz in die Handlung einführen und zum Weiterlesen verlocken. Deshalb darf sie nicht langweilig sein. Wichtige Informationen können sein:

- Wer?
- Wo?
- Wann?

● Vergleiche die Einleitungen. Was stellst du fest?

Einleitung 1:
Ein Geburtstagsgeschenk

Am Samstag kauft Steffi auf dem Flohmarkt
ein glitzerndes Armband für ihre Mutti.
Sie fährt mit dem Bus nach Hause.
Gleich will sie ihr Geschenk einwickeln.
Aber wo ist es?

Einleitung 2:
Ein Geburtstagsgeschenk

Es ist Samstag. Steffi hat viel zu lange geschlafen.
Sie ärgert sich, denn sie wollte schon früh morgens
auf dem Flohmarkt in der Altländer Straße sein.
Sie bummelt über den Flohmarkt. An einem Buchstand
trifft sie Jana aus ihrer Klasse.
Dann geht sie weiter an einen Stand mit Schmuck.
Dort entdeckt sie ein schönes, glitzerndes Armband.
„Das könnte ich doch Mutti zum Geburtstag schenken",
denkt sie. Steffi überlegt nicht lange
und kauft das Armband. Dann geht sie
zur Bushaltestelle und wartet auf den Bus.
Als er kommt, steigt sie ein und fährt nach Hause.
Zu Hause will sie das Geschenk gleich in
Geschenkpapier einwickeln. Aber wo ist das Armband?

● Streiche unwichtige Informationen in der Einleitung 2 durch.

● Schreibe deine Einleitung zu dieser Geschichte. Arbeite im Heft.

Elke Mauritius: Vom Satz zum Aufsatz
© Persen Verlag

Abschnitte einer Geschichte – Hauptteil

Der Hauptteil einer Geschichte
erzählt den Verlauf der Handlung.
Der Leser soll sich das Geschehen
gut vorstellen können
und es spannend und interessant finden.
Wichtige Informationen können sein:

- **Was** passiert? (**Wie**? **Warum**?)
- **Welche** Gedanken und Gefühle haben die Personen?

● Unterstreiche Steffis Gedanken und Gefühle.

Hauptteil:

Steffi erstarrt vor Schreck.
Aufgeregt durchwühlt sie ihren Rucksack
und wirft alles auf den Boden:
die Geldbörse, den Schal, die Haarbürste,
einen Apfel, das Comicheft und den Walkman.
Doch das kleine rote Päckchen
mit dem glitzernden Armband
kommt nicht zum Vorschein.
Tausend Gedanken schießen ihr auf einmal durch den Kopf.
Hat es mir jemand gestohlen?
Habe ich es überhaupt eingepackt?
Liegt es irgendwo?
Steffi versucht, sich genau zu erinnern.
Dann fällt ihr ein, dass sie sich das Armband
im Bus angesehen hatte. Gerade da klingelte das Handy.
Steffi legte schnell das Päckchen neben sich auf den Sitz.
Dort liegt es wohl jetzt noch,
wenn es niemand mitgenommen hat.
Steffi kann ihre Tränen nicht mehr zurückhalten
und heult los. Der Geburtstag ist schon übermorgen.
Was kann sie jetzt nur tun?

● Was könnte Steffi tun, um das Armband wiederzubekommen?
Schreibe ins Heft.

Abschnitte einer Geschichte – Hauptteil

Der Hauptteil einer Geschichte
erzählt den Verlauf der Handlung.
Der Leser soll sich das Geschehen
gut vorstellen können
und es spannend und interessant finden.
Wichtige Informationen können sein:

- **Was** passiert? (**Wie**? **Warum**?)
- **Welche** Gedanken und Gefühle haben die Personen?

● Lies und vergleiche die Texte. Was stellst du fest?

_____

_____

Hauptteil 1:

Steffi erstarrt vor Schreck.
Aufgeregt durchwühlt sie ihren Rucksack
und wirft alles auf den Boden:
die Geldbörse, den Schal, die Haarbürste,
einen Apfel, das Comicheft
und den Walkman.
Doch das kleine rote Päckchen mit dem
glitzernden Armband kommt nicht zum
Vorschein. Tausend Gedanken schießen
ihr auf einmal durch den Kopf. Hat es mir
jemand gestohlen? Habe ich es überhaupt eingepackt? Liegt es irgendwo?
Steffi versucht, sich genau zu erinnern.
Dann fällt ihr ein, dass sie sich
das Armband im Bus angesehen hat.
Da klingelte das Handy. Steffi legte
schnell das Päckchen neben sich auf den
Sitz. Dort liegt es wohl jetzt noch, wenn
es niemand mitgenommen hat. Steffi
kann ihre Tränen nicht mehr zurückhalten
und heult los. Der Geburtstag ist schon
übermorgen. Was kann sie jetzt nur tun?

Hauptteil 2:

Steffi durchwühlt ihren Rucksack und
wirft alle Sachen daraus auf den Boden.
Doch das kleine rote Päckchen mit dem
Armband kommt nicht zum Vorschein.
Sie versucht sich genau zu erinnern.
Dann fällt ihr ein, dass sie sich das Armband im Bus angesehen und das Päckchen neben sich auf den Sitz gelegt hat.
Der Geburtstag ist schon übermorgen.
Was kann sie jetzt nur tun?

●● Unterstreiche die Gedanken und Gefühle.

●●● Schreibe deinen Hauptteil zu dieser Geschichte ins Heft.

Abschnitte einer Geschichte – Schluss

Im Schlussteil der Geschichte
erfährt der Leser, wie die Handlung endet.
Der Schluss sollte nicht zu lang sein,
damit die Spannung nicht verloren geht.

● Welcher Schlussteil führt nicht zur Lösung? Begründe.

_____

_____

Schlussteil 1:

Steffi setzt sich auf ihren Sitzsack und überlegt, worüber sich ihre Mutti noch freuen könnte.
Endlich hat sie eine Idee.
Steffi holt weißes Papier und schreibt mit einem dicken grünen Filzstift:
Gutschein für 3-mal bügeln,
5-mal Müll wegbringen
und 4-mal Spülmaschine ausräumen.
Bestimmt freut sich ihre Mutti darüber!
Steffi ist glücklich über ihren Einfall.

Schlussteil 2:

Plötzlich klingelt das Telefon.
Jana erzählt Steffi, dass sie sich auf dem Flohmarkt noch ein riesiges Poster gekauft hat.
Steffi erzählt Jana vom verschwundenen Armband. Doch Jana schwärmt nur von ihrem neuen Poster.
Steffi legt genervt den Hörer auf.

●● Denk dir einen anderen Schluss für die Geschichte aus.

_____

_____

_____

_____

_____

●●● Finde eine Überschrift.

_____

Abschnitte einer Geschichte – Schluss

Im Schlussteil der Geschichte erfährt der Leser, wie die Handlung endet. Der Schluss sollte nicht zu lang sein, damit die Spannung nicht verloren geht.

● Welcher Abschnitt ist überflüssig? Streiche ihn durch.

Schlussteil:

Plötzlich klingelt das Telefon. Jana erzählt Steffi, dass sie sich auf dem Flohmarkt noch ein riesiges Poster gekauft hat. Steffi überlegt, ob sie Jana vom verschwundenen Armband erzählen soll. Doch Jana erzählt und erzählt. Sie lässt Steffi nicht zu Wort kommen. Außerdem kann Jana ihr nicht helfen. Steffi legt den Hörer auf.

Steffi setzt sich auf ihren Sitzsack und überlegt, worüber sich ihre Mutti freuen könnte. Endlich hat sie eine Idee. Steffi holt weißes Papier und schreibt mit einem dicken grünen Filzstift: Gutschein für 3-mal bügeln, 5-mal Müll wegbringen und 4-mal Spülmaschine ausräumen. Bestimmt freut sich ihre Mutti darüber! Steffi ist glücklich über ihren Einfall.

●● Denk dir einen anderen Schluss für die Geschichte aus.

●●● Finde eine Überschrift.

Überschriften

Die Überschrift soll Spannung wecken und zum Lesen der Geschichte auffordern. Sie darf aber nicht zu viel von der Geschichte verraten.

● Wähle eine passende Überschrift zu jeder Geschichte aus. Schreibe sie auf.

Der Außerirdische Die Gespensterbahn
Ein Erlebnis Der Angsthase
Die ungewöhnliche Entdeckung Ein cooler Typ?

a) _____

Tom prahlt damit, dass er keine Angst vor der Geisterbahn hat.
Während die Bahn durch das Dunkel saust, wird ihm immer
unheimlicher zumute. Als sein Wagen wieder ankommt,
sitzt Tom unten auf dem Boden und hält sich die Augen zu.

b) _____

Die Kinder spielen im Wald Verstecken.
Peter sitzt auf einem alten Kastanienbaum.
Da entdeckt er ein Ufo.
Vorsichtig klettert ein Außerirdischer heraus.
Die Kinder und der Fremde lernen sich kennen.

●● Schreibe selbst eine spannende Überschrift zu dieser Geschichte.

_____

Die Familie macht einen Ausflug in den Safaripark.
Da versperrt ihnen ein umgestürzter Baum den Weg.
Vater stoppt das Auto und steigt aus.
Plötzlich kommt eine Horde Affen. Sie klettern auf das Auto
und einer biegt den rechten Außenspiegel um.

Überschriften

Die Überschrift soll Spannung wecken und zum Lesen der Geschichte auffordern. Sie darf aber nicht zu viel von der Geschichte verraten.

● Wähle eine passende Überschrift zu jeder Geschichte aus. Schreibe sie auf.

Der Außerirdische   Die Gespensterbahn   Ein Erlebnis
Das Meerschweinchen   Der Angsthase   Das Geschenk
Eine Tiergeschichte   Die ungewöhnliche Entdeckung
Ein cooler Typ?   Ärger mit dem Geschenk

a) _____

Tom prahlt damit, dass er keine Angst vor der Geisterbahn hat. Während die Bahn durch das Dunkel saust, wird ihm immer unheimlicher zumute. Als sein Wagen wieder ankommt, sitzt Tom unten auf dem Boden und hält sich die Augen zu.

b) _____

Die Kinder spielen im Wald Verstecken.
Peter sitzt auf einem alten Kastanienbaum.
Da entdeckt er ein Ufo.
Vorsichtig klettert ein Außerirdischer heraus.
Die Kinder und der Fremde lernen sich kennen.

c) _____

Angela hat von ihrer besten Freundin ein junges Meerschweinchen geschenkt bekommen. Freudig geht sie damit nach Hause. Ihre Mutter schimpft. Sie soll das Tier wieder zurückbringen.

●● Schreibe eine spannende Überschrift zu dieser Geschichte.

_____

Die Familie macht einen Ausflug in den Safaripark.
Da versperrt ihnen ein umgestürzter Baum den Weg.
Vater stoppt das Auto und steigt aus.
Plötzlich kommt eine Horde Affen. Sie klettern auf das Auto und einer biegt den rechten Außenspiegel um.

Texte kürzen

Manche Sätze in Texten sind unwichtig und können weggelassen werden. Auch Wiederholungen sind meistens nicht sinnvoll und können entfallen.

● Ein Satz ist in jedem Text überflüssig. Streiche ihn durch.

a) Mein Freund heißt Alex. Er kann gut Fußball spielen, in jeder Position, außer im Tor. Er ist aber auch sehr schnell gereizt. Im Sport ist er überhaupt super, auch im Handball. Und jetzt will ich noch sagen, dass Alex mein Freund ist.
Christof

b) Hallo, Marcel, es ist gut, dein Freund zu sein.
Du gehst immer zum Fußball-Training und spielst super Fußball.
Ich weiß nichts mehr.
Martin

c) Meine Freundin Maria ist immer fröhlich.
Von der ersten Klasse an haben wir nebeneinander gesessen.
Sie kann gut zeichnen und rechnen.
Und sie kann gut mit mir befreundet sein.
Außerdem behält sie Geheimnisse für sich.
Susann

d) Anne ist meine beste Freundin und deswegen schreibe ich über Anne.
Wir mögen beide Inlineskaten, Tiere und Lesen.
Überhaupt nicht mögen wir Tierquälerei und Jungen.
Außerdem machen wir viel zusammen.
Deshalb ist Anne meine beste Freundin.
Karola

Texte kürzen

● Streiche die überflüssigen Informationen.

Conny ist ein nettes Mädchen.
Man kann sich gut mit ihr verstehen.
Jeder kann sich gut mit ihr verstehen.
Wir haben uns gleich am ersten Schultag angefreundet.
Dann haben wir uns nebeneinander gesetzt.
Seitdem haben wir immer nebeneinander gesessen.
Conny behält Geheimnisse für sich.
Man kann gut mit ihr reden.
Sie erzählt nichts weiter.
Weil man das alles und vieles mehr mit ihr machen kann,
ist Conny meine beste Freundin.

Nadine

●● a) Lies die Stichpunkte. Überlege, welche Informationen wichtig sind, wenn du eine Freundin / einen Freund beschreiben willst.

b) Streiche überflüssige Informationen.
Schreibe einen Text über Ramonas Freundin ins Heft.

Gritt · ist ehrlich · lügt mich nicht an · hat zwei Vornamen ·
hilft mir bei den Mathe-Hausaufgaben · lässt mich auf
ihrem Pferd reiten · trägt mittwochs Zeitungen aus ·
redet nicht über mich · hatte im letzten Sommer einen
Unfall · besiegt Daniel im Weitsprung · ihre Oma wohnt
in New York

Ramona

●●● Streiche überflüssige Informationen. Schreibe einen Text über Jesper ins Heft.

Jesper · ist Libero in meiner Fußballmannschaft ·
wohnt neben Meiers · ist immer gut drauf · macht
coole Sprüche · trägt beim Sport weiße Socken ·
will nicht Pilot werden · gingen gemeinsam in den
Kindergarten · lieben die gleiche Musik · wollen
gemeinsam eine Band gründen

Alex

●●●● Schreibe im Heft über deine beste Freundin oder über deinen besten Freund.

Lange Sätze teilen

Viele lange Sätze sind nur schwer zu verstehen. Besser ist es, sie zu teilen.

~~und~~ • **Als** ich...

● Die folgenden drei Sätze sind viel zu lang. Markiere, wo du sie sinnvoll unterteilen solltest. Ergänze jeweils die Satzzeichen am Satzende und verbessere die Satzanfänge.

Sind alle Satzanfänge großgeschrieben?

a) Einmal war ich so klein wie ein Grashüpfer.
~~und~~ als ich durchs Gras ging,
glitzerte vor mir auf dem Boden
etwas Braunes
und ich ging näher heran
und da stellte ich fest,
dass es eine Milchschnitte war
und dann bin ich hingegangen
und habe davon probiert.

●● Schreibe die Texte richtig auf. Prüfe die Satzanfänge.

a)
Einmal war ich so klein wie ein Käfer. Da ging ich so durchs Gras und da kam eine Kröte und die Kröte kam immer näher und sie entdeckte mich und ich dachte nur, dass ich schnell weg müsste, und ich lief und lief und das Gras war so hoch, dass ich nicht vorwärts kam, und dann sah ich, dass es nur ein grüner Käfer war.

b)
Einmal war ich so groß wie ein Baum und da fragte ich einen Vogel, wie es denn im Süden so ist, und der Vogel sagte, dass man sehr weit fliegen muss und dort ist es schrecklich warm und man schwitzt unter den Flügeln, und ich dachte, wie gut es doch ist, ein Baum zu sein, und hier oben weht immer ein frischer Wind.

Lange Sätze teilen

Viele lange Sätze sind nur schwer zu verstehen. Besser ist es, sie zu teilen.

B

u~~nd~~ • **Als** ich...

● Die folgenden drei Sätze sind viel zu lang. Markiere, wo du sie unterteilen willst. Ergänze jeweils die Satzzeichen am Satzende und verbessere die Satzanfänge.

Sind alle Satzanfänge großgeschrieben?

a) Einmal war ich so klein wie ein Grashüpfer.
u~~nd~~ als ich durchs Gras ging,
glitzerte vor mir auf dem Boden
etwas Braunes
und ich ging näher heran
und da stellte ich fest,
dass es eine Milchschnitte war
und dann bin ich hingegangen
und habe davon probiert.

●● Schreibe die Texte richtig auf. Überprüfe die Satzanfänge.

a)
Einmal war ich so klein wie ein Käfer. Da ging ich so durchs Gras und da kam eine Kröte und die Kröte kam immer näher und sie entdeckte mich und ich dachte nur, dass ich schnell weg müsste, und ich lief und lief und das Gras war so hoch, dass ich nicht vorwärts kam, und dann sah ich, dass es nur ein grüner Käfer war.

b)
Einmal war ich so groß wie ein Baum und da fragte ich einen Vogel, wie es denn im Süden so ist, und der Vogel sagte, dass man sehr weit fliegen muss und dort ist es schrecklich warm und man schwitzt unter den Flügeln, und ich dachte, wie gut es doch ist, ein Baum zu sein, und hier oben weht immer ein frischer Wind.

●● Stell dir vor, du bist ein Käfer oder ein Baum. Schreibe ins Heft.

Treffende Wörter finden

● Ersetze **machen** durch genauere Wörter.

1) ein Mobile machen	basteln	anfertigen
2) eine Suppe machen		erledigen
3) einen Materialtisch machen		öffnen
4) Hausaufgaben machen		basteln
5) ein Tor machen		schießen
6) eine Beschreibung machen		malen
7) ein Bild machen		vorbereiten
8) ein Fenster aufmachen		kochen

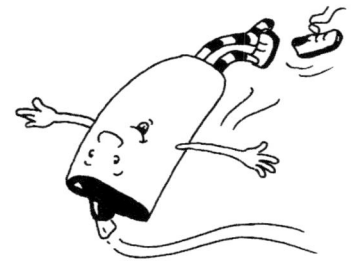

●● Welches Wort passt besser als **schön**? Markiere es.

Ich habe einen schönen Film gesehen.	aufregenden	langweiligen
Abends lese ich in einem schönen Buch.	witzlosen	spannenden
Mutti hat für uns einen schönen Kuchen gebacken.	leckeren	essbaren
Vati trägt einen schönen Anzug.	abgetragenen	eleganten

Treffende Wörter finden

- Ersetze **machen** durch genauere Wörter.

    1) ein Mobile machen
    2) eine Beschreibung machen
    3) einen Materialtisch machen
    4) Hausaufgaben machen
    5) ein Tor machen
    6) eine Suppe machen
    7) ein Bild machen
    8) ein Fenster aufmachen
    9) mein Zimmer ordentlich machen
    10) die Zähne sauber machen

- Lies die Sätze. Was fällt dir auf?
    a) Markiere.
    b) Schreibe treffendere Wörter auf.

    Ich habe einen schönen Film gesehen.

    Abends lese ich in einem schönen Buch.

    Mutti hat für uns einen schönen Kuchen gebacken.

    Vati trägt einen schönen Anzug.

    Die Verkäuferin hat ein schönes Lächeln.

    Unsere Familie hat eine schöne Reise geplant.

Wörtliche Rede – Begleitsätze

*Es klingt langweilig, wenn im Begleitsatz immer das Verb (Tuwort) **sagt** verwendet wird.*

● Streiche das Wort **sagt** durch. Setze passende Wörter dafür ein. Nutze die Wörter im Kasten.

🦆 Ein Vater bemüht sich, seinem kleinen Sohn das Schwimmen beizubringen. Eine Zeit lang geht das auch sehr gut. Doch will der Kleine auf einmal nicht mehr.

Er sagt _____ : „Vati, können wir nicht aufhören?"

Der Vater sagt _____ : „Warum denn?"

Darauf sagt _____ der Sohn: „Ich habe keinen Durst mehr."

🐈 Peter und Paul streiten sich. „Jetzt reicht's mir aber", sagt _____ Peter, „du bist nicht mehr mein Freund!" Heulend läuft Paul nach Hause.

Seine Mutter versucht, ihn zu trösten und sagt _____ :

„Lass doch, du findest bestimmt wieder einen Freund." „Aber nicht so einen",

sagt _____ Peter. „Sein Vater hat doch eine Eisdiele."

---

flüstert · schluchzt · meint · fragt · staunt · ruft · erzählt · entgegnet ·
redet · schreit · brummt · antwortet · erklärt · bemerkt · schreit

---

●● Schreibe selbst einen Witz auf.

Wörtliche Rede – Begleitsätze

*Es klingt langweilig, wenn im Begleitsatz immer das Verb (Tuwort) **sagt** verwendet wird.*

● Streiche das Wort **sagt** durch. Setze passende Wörter dafür ein.

🐧 Kevin will die Schule schwänzen.
Aus diesem Grund hat er sich einen raffinierten Trick ausgedacht.
Er ruft im Sekretariat an. Kevin sagt mit tiefer Stimme:
„Der Schüler Kevin Klein kann heute wegen Krankheit die Schule nicht besuchen!"

„Wer ist denn am Apparat?", sagt _____ die Sekretärin.

„Mein Vater", sagt _____ Kevin.

🦆 Ein Vater bemüht sich, seinem kleinen Sohn das Schwimmen beizubringen.
Eine Zeit lang geht das auch sehr gut. Doch der Kleine will auf einmal nicht mehr.

Er sagt _____ : „Vati, können wir nicht aufhören?"

Der Vater sagt _____ : „Warum denn?"

Darauf sagt _____ der Sohn: „Ich habe keinen Durst mehr."

🦊 Peter und Paul streiten sich. „Jetzt reicht's mir aber", sagt _____

Peter, „du bist nicht mehr mein Freund!" Heulend läuft Paul nach Hause.

Seine Mutter versucht, ihn zu trösten und sagt _____ :

„Lass doch, du findest bestimmt wieder einen Freund." „Aber nicht so einen",

sagt _____ Peter. „Sein Vater hat doch eine Eisdiele."

●● Schreibe selbst einen Witz auf.

Wörtliche Rede

Mit wörtlicher Rede werden Märchen und andere Geschichten spannender.

A1

● Vergleiche die Texte.
Markiere die Unterschiede im rechten Text.

Jeden Morgen schlich die Hexe zum Ställchen und forderte Hänsel auf, seinen Finger herauszustrecken. Die boshafte Hexe wollte kontrollieren, ob Hänsel schon fett war.	Jeden Morgen schlich die Hexe zum Ställchen und rief: „Hänsel, strecke deine Finger heraus! Ich will sehen, ob du schon fett bist."

●● Schreibe den Text mit wörtlicher Rede auf.

Irgendwann hatte die Hexe das Warten satt, sie wollte Hänsel braten.
Deshalb befahl sie Gretel, sie solle in den Ofen kriechen und nachsehen, ob das Feuer heiß genug wäre. Doch Gretel merkte, was die alte Hexe im Sinn hatte, und antwortete, dass sie nicht wüsste, wie sie in den Ofen kommen könnte.

Irgendwann hatte die Hexe das Warten satt, sie wollte Hänsel braten.

Die Hexe befahl Gretel: „_____

_____."

Doch Gretel merkte, was die alte Hexe im Sinn hatte.

Sie antwortete: „_____

_____."

●●● Stell dir vor, eine Hexe klopft an deine Tür.
Was sagt die Hexe? Was antwortest du? Schreibe ins Heft.

Wörtliche Rede

Mit wörtlicher Rede werden Märchen und andere Geschichten spannender.

B1

● Vergleiche die Texte.
Markiere die Unterschiede im rechten Text.

| Jeden Morgen schlich die Hexe zum Ställchen und forderte Hänsel auf, seinen Finger herauszustrecken. Die boshafte Hexe wollte kontrollieren, ob Hänsel schon fett war. | Jeden Morgen schlich die Hexe zum Ställchen und rief: „Hänsel, strecke deine Finger heraus! Ich will sehen, ob du schon fett bist." |

●● Schreibe den Text mit wörtlicher Rede auf.

Irgendwann hatte die Hexe das Warten satt, sie wollte Hänsel braten.
Deshalb befahl sie Gretel, sie solle in den Ofen kriechen und nachsehen, ob das Feuer heiß genug wäre. Doch Gretel merkte, was die alte Hexe im Sinn hatte, und antwortete, dass sie nicht wüsste, wie sie in den Ofen kommen könnte. Die Hexe schimpfte Gretel eine dumme Gans. Sie erklärte ihr, dass die Öffnung so groß wäre, dass sie selbst hineinkriechen könnte.

Irgendwann hatte die Hexe das Warten satt, sie wollte Hänsel braten.

Die Hexe befahl Gretel: „_____

_____."

Doch Gretel bemerkte, was die alte Hexe im Sinn hatte.

Sie antwortete: „_____

_____."

Die Hexe schimpfte: „_____."

Sie erklärte ihr: „_____."

●●● Stell dir vor, eine Hexe klopft an deine Tür.
Was sagt die Hexe? Was antwortest du? Arbeite im Heft.

Elke Mauritius: Vom Satz zum Aufsatz
© Persen Verlag

Wörtliche Rede

● Setze die unterstrichenen Sätze in die wörtliche Rede.

🦋 Frau Holle

...Das fleißige Mädchen saß am Brunnen und spann.
Als die Spule blutig war, wollte es die Spule abwaschen.
Aber da fiel sie ins Wasser.
Marie lief weinend zur Stiefmutter und erzählte ihr das Unglück.
Marie lief weinend zur Stiefmutter:
„Mutter, mir ist _____."
Die Stiefmutter hatte kein Erbarmen.
Unbarmherzig forderte sie das Mädchen auf,
die Spule wieder heraufzuholen.
Unbarmherzig forderte die Stiefmutter: „Hol sofort _____
_____!"

🐐 Frau Holle

...Das Mädchen kam zu einem kleinen Haus,
aus dem eine alte Frau herausschaute.
Weil sie aber so große Zähne hatte,
bekam das Mädchen Angst
und wollte schnell weglaufen.
Die alte Frau aber rief ihm nach, dass sie sich
nicht fürchten sollte.
Die alte Frau aber rief: „_____!"
Marie verlor ihre Angst.
Die Frau bot Marie an, bei ihr zu arbeiten und sagte,
dass es ihr dann gut gehen würde.
Die Frau bot Marie an: „Wenn du bei mir _____
_____."
Da willigte das Mädchen ein und trat in ihren Dienst.

Wörtliche Rede

B2

- Überlege, welche Sätze du in wörtlicher Rede schreibst.
  Schreibe die Märchenausschnitte dann ins Heft.

🦋 Frau Holle

... Das fleißige Mädchen saß am Brunnen und spann.
Als die Spule blutig war, wollte es die Spule abwaschen.
Da fiel sie ins Wasser.
Es lief weinend zur Stiefmutter
und erzählte ihr das Unglück.
Die Stiefmutter hatte kein Erbarmen.
Unbarmherzig forderte sie das Mädchen auf,
die Spule wieder heraufzuholen.

 Frau Holle

... Das Mädchen kam zu einem kleinen Haus,
aus dem eine alte Frau herausschaute.
Weil sie aber so große Zähne hatte,
bekam das Mädchen Angst
und wollte schnell weglaufen.
Die alte Frau aber rief ihm nach,
dass sie sich nicht fürchten solle.
Marie verlor ihre Angst.
Die Frau bot Marie an,
bei ihr zu arbeiten und sagte,
dass es ihr dann gut gehen würde.
Da willigte das Mädchen ein und trat in ihren Dienst.

🐿 Frau Holle

... Als das faule Mädchen zum Backofen kam,
schrie das Brot wieder,
dass es herausgezogen werden wollte,
weil es schon längst ausgebacken sei.
Die Faule aber antwortete, dass sie keine Lust hätte,
sich schmutzig zu machen und ging weiter.
Bald kam sie zu dem Apfelbaum, der rief,
dass seine Äpfel lange reif wären
und er geschüttelt werden wollte.
Sie antwortete aber, es könnte ihr einer auf den Kopf fallen.

- Stell dir vor, der Froschkönig hat sich verlaufen
  und kommt zu Frau Holle.
  Schreibe die Geschichte ins Heft
  und verwende die wörtliche Rede sinnvoll.

Wörtliche Rede

A3

• Schreibe den Text mit wörtlicher Rede auf.

> Hassan ruft seinen Freund an. Er fragt ihn,
> ob er mit ihm zum Zahnarzt gehen würde.
> Toni versteht die Bitte nicht und fragt nach,
> warum er mitkommen solle. Da erklärt Hassan,
> dass er ein mulmiges Gefühl habe und gern abgelenkt würde.
> Das kann Toni gut verstehen. Er meint, dass er ihn gern begleite.

Hassan ruft seinen Freund an. Er fragt: „_____

_____?"

Toni versteht die Bitte nicht und fragt nach: „_____

_____?"   Hassan erklärt: „_____."

Toni kann das gut verstehen und sagt: „_____

_____."

•• Schreibe den Text mit wörtlicher Rede auf.

> Katrin und Oma gehen einkaufen. Katrin sieht eine schicke Hose
> und fragt die Oma, ob sie die Hose anprobieren dürfe. Die Oma stimmt zu.
> Als Katrin in der Umkleidekabine ist, bringt die Oma noch andere Hosen
> und meint, dass sie auch diese probieren solle. Katrin ist davon nicht so begeistert.

Katrin und Oma gehen einkaufen. Katrin sieht eine schicke Hose und fragt:

„_____?"

Die Oma antwortet: „_____."

Als Katrin in der Umkleidekabine ist, bringt die Oma noch andere Hosen und

meint: „_____

_____."

Katrin ist davon nicht so begeistert.

••• Wie könnte das Gespräch weitergehen? Arbeite im Heft.

Wörtliche Rede

B3

● Schreibe den Text mit wörtlicher Rede auf.

> Hassan ruft seinen Freund an. Er fragt ihn,
> ob er mit ihm zum Zahnarzt gehen würde.
> Toni versteht die Bitte nicht und fragt nach,
> warum er mitkommen solle. Da erklärt Hassan,
> dass er ein mulmiges Gefühl habe und gern abgelenkt würde.
> Das kann Toni gut verstehen und sagt, dass er ihn gern begleite.

Hassan ruft seinen Freund an. Er fragt: „_____?"

Toni versteht die Bitte nicht und fragt nach: „_____?" Hassan erklärt: „_____."

Toni kann das gut verstehen und sagt: „_____."

●● Schreibe das Gespräch auf.

> Katrin und Oma gehen einkaufen. Katrin sieht eine schicke Hose
> und fragt, ob sie die Hose anprobieren dürfe. Die Oma stimmt zu.
> Als Katrin in der Umkleidekabine ist, bringt die Oma noch andere Hosen
> und meint, dass sie auch diese probieren solle. Katrin ist davon nicht so begeistert.

Katrin fragt: „_____?"

Die Oma antwortet: „_____."

●●● Schreibe ein Gespräch zwischen dir und deiner Oma auf. Arbeite im Heft.

Elke Mauritius: Vom Satz zum Aufsatz
© Persen Verlag

Eine Bildgeschichte schreiben

● Schreibe zu jedem Bild einen Satz.
Achte auf die Großschreibung der Satzanfänge.

A1

bringt Otto
und geht einkaufen
die Mutter
zum Friseur

und blättert
Otto
in den Zeitschriften
muss warten

zeigt der Friseurin
er
aussehen sollen
wie seine Haare

lachen sich beide an
die Mutter
aber dann
ist zunächst verblüfft

●● Lies deinen Text. Gefällt er dir?
Du kannst die Sätze auch anders formulieren.

●● Finde eine Überschrift für die Geschichte.

48

Elke Mauritius: Vom Satz zum Aufsatz
© Persen Verlag

Eine Bildgeschichte schreiben

- Schreibe zu jedem Bild einen Satz ins Heft.
  Achte auf die Großschreibung der Satzanfänge.

befördert Otto / bringt Otto
und geht einkaufen / und geht shoppen
die Mama / die Mutter
zum Friseur / zum Frisurengeschäft

und blättert / und wälzt
Otto / er
in den Zeitschriften / in den Comics
muss warten / muss sitzen bleiben

weist der Friseurin / zeigt der Friseurin
er / Otto
ausschauen darf / aussehen soll / ausblicken soll
wie sein Schopf / wie sein Haarschnitt / wie seine Haarpracht

amüsieren sich / lachen sich beide an
die Mutter / sie / Ottos Mutter
dann jedoch / aber dann
ist erstaunt / ist zunächst verblüfft / schimpft

- Lies deinen Text. Gefällt er dir?
  Du kannst die Sätze auch anders formulieren.

- Finde eine Überschrift für die Geschichte.

Eine Bildgeschichte schreiben

A2

● Schreibe zu jedem Bild einen Satz.
Achte auf die Großschreibung der Satzanfänge.

eine gute Schwimmerin
ihren Schwimmpass machen
Doro ist
und möchte

15 Minuten
vom Boden des Beckens
locker schwimmt sie
und holt den Reifen

auf dem Sprungbrett
zu springen
und traut sich nicht
doch dann steht sie

Maria einen Schubs
ins Wasser
da gibt
und sie fällt

taucht Doro auf
geschafft!
erschrocken, aber glücklich
und denkt:

●● Lies deinen Text. Gefällt er dir?
Du kannst die Sätze auch anders formulieren.

●●● Finde eine Überschrift für die Geschichte.

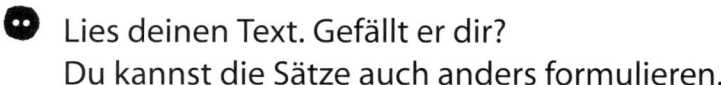

Eine Bildgeschichte schreiben

B2

● Schreibe zu jedem Bild einen Satz ins Heft.
Achte auf die Großschreibung der Satzanfänge.

eine gute Schwimmerin / eine meisterhafte Schwimmerin
ihren Schwimmpass machen / ihren Schwimmpass absolvieren
Doro ist / Doro zeichnet sich aus als
und möchte / will / kann / darf

die vorgeschriebene Zeit / 15 Minuten
vom Boden des Beckens / vom Grund des Beckens
verkrampft schwimmt sie / locker schwimmt sie
und holt den Reifen / und gräbt den Reifen aus

auf dem Startblock / auf dem Sprungbrett
zu springen / zu hüpfen / zu hopsen
und traut sich nicht / und hat Angst
doch dann steht sie / doch dann bleibt sie

Maria einen Schubs / Maria einen Stoß
ins kühle Nass / ins Wasser
da gibt / da erhält sie von
und sie fällt / und sie plumpst / und sie purzelt

kommt Doro hoch / taucht Doro auf
geschafft! / blöde Maria
erschrocken, aber glücklich / völlig verschreckt
und begreift: / und denkt: / und überlegt:

● Lies deinen Text. Gefällt er dir?
Du kannst die Sätze auch anders formulieren.

● Finde eine Überschrift für die Geschichte.

Elke Mauritius: Vom Satz zum Aufsatz
© Persen Verlag

Einen Sachtext bearbeiten

Ein Sachtext teilt wichtige Informationen mit. Gefühle, Vorstellungen oder Meinungen der Personen werden nicht beschrieben.

● Lies die Sachtexte. Streiche unpassende Sätze und schreibe den Text dann ins Heft.

Tipi*

Die Prärie-Indianer lebten in Tipis* nahe am Fluss.
Diese Zelte bauten die Indianerfrauen
aus langen Stangen und Büffelhäuten.
Ich kann mir gut vorstellen, wie die Indianer
in Tipis gelebt haben.
Die Haut zogen sie den erlegten Büffeln ab und gerbten sie.
Das hat bestimmt fürchterlich gerochen.
Nach dem Gerben nähten die Indianerfrauen
mehrere Häute zusammen.
Meine Mutter hätte ihre Nähmaschine dazu benutzt.
Die Häute legten die Frauen nach dem Trocknen
über die zusammengebunden Holzstangen
und befestigten sie.

*Tipi = Zelt der Prärie-Indianer

Der Biber

Der Biber hat messerscharfe Schneidezähne,
mit denen er dicke Bäume fällen kann.
Sicherlich muss er deshalb seine Zähne gut pflegen.
Die Zähne nutzen sich bei der Arbeit stark ab,
wachsen aber immer wieder nach.
Wenn das bei uns auch so wäre,
müssten wir weniger zum Zahnarzt.
Der Biber baut einen Damm,
um sein Gebiet vor Räubern zu schützen.
Seine Wohnung ist eine richtige Wasserburg.
Sie hat ein bis zwei Wohnkammern,
die im Trockenen liegen.
Der Eingang liegt unter Wasser.

Einen Sachtext bearbeiten

Ein Sachtext teilt wichtige Informationen mit.
Gefühle, Vorstellungen oder Meinungen der
Personen werden nicht beschrieben.

B1

● Lies die Sachtexte. Streiche unpassende Sätze und schreibe den Text dann ins Heft.

Tipi*
Die Prärie-Indianer lebten in Tipis* nahe am Fluss.
Diese Zelte bauten die Indianerfrauen
aus langen Stangen und Büffelhäuten.
Die Holzstangen sammelten die Frauen in der Prärie.
Ich müsste sicher lange nach ihnen suchen.
Die Haut zogen sie den erlegten Büffeln ab
und gerbten sie. Ich mag die Haut vom Pudding nicht.
Nach dem Gerben nähten die Indianerfrauen
mehrere Häute zusammen.
Meine Mutter hätte ihre Nähmaschine dafür benutzt.
Die Häute legten die Frauen nach dem Trocknen
über die zusammengebunden Holzstangen
und befestigten sie.
Das Tipi diente den Indianern zum Wohnen,
Schlafen und sogar zum Kochen.
In der Mitte des Zeltes errichteten die
Indianerfrauen die Feuerstelle.
Der Rauch zog über eine Öffnung in der Zeltspitze ab.
Für viele Menschen ist das Wohnen auf so engem
Raum heute unvorstellbar.

*Tipi = Zelt der Prärie-Indianer

●● Lies die Stichpunkte. Streiche falsche und unwichtige
Informationen durch. Schreibe einen Sachtext.

Der Biber
messerscharfe Schneidezähne · nagt Baumstämme durch · muss seine Zähne gut pflegen · Zähne nutzen sich stark ab, wachsen ständig nach · baut Dämme und Wasserburgen · Dämme bieten Schutz vor Räubern · Wasserburg hat ein bis zwei Wohnkammern · eine Burg habe ich mir anders vorgestellt · Wohnkammern liegen im Trockenen · Eingang der Burg liegt unter Wasser · sammelt das Futter neben der Burg · Vorräte lagern auf Nahrungsflößen vor der Burg · frisst nur Pflanzen (Rinde, Wurzeln, Knospen, Blätter)

Einen Sachtext bearbeiten

Situation: Steven und Marco haben einen Sachtext über Quallen und Seeigel geschrieben. Dabei haben sie ein wichtiges Merkmal der Sachtexte nicht beachtet.

Keine persönliche Meinung abgeben!

● Lies die Sachtexte. Streiche unpassende Sätze und schreibe den Text dann ins Heft.

Quallen

Quallen sind Hohltiere, die im Meer leben.
Im Sommer konnte ich Quallen
in der Ostsee beobachten.
Sie bestehen zum größten Teil aus Wasser.
Ihre langen Fangarme sind häufig
mit giftigen Nesselkapseln besetzt.
Das Gift kann auf der Haut des Menschen brennen
und Quaddeln erzeugen.
Ich würde nicht baden,
wenn diese Tiere im Wasser schwimmen.
In der Ostsee sind es die Feuer- und Kompassquallen,
die diese Hautreizungen verursachen.

Seeigel

Seeigel leben auf dem Meeresgrund.
Sie sind kugelig wie die Landigel,
jedoch viel kleiner.
Seeigel erreichen höchstens
die Größe eines Tennisballes.
Ich würde sie mir trotzdem nicht
in die Hosentasche stecken.
Auf ihrem Panzer sitzen bewegliche Stacheln,
die leicht abbrechen.

Ich dachte, Seeigel sind Fantasie-Tiere,
so wie Zwerge und Kobolde im Märchen.
Auf der Unterseite haben die Seeigel hunderte winzige Saugfüße.
Damit kriechen sie langsam über den Meeresboden.
Ihr Maul befindet sich auch auf der Unterseite.
Augen haben die Seeigel nicht.
Ich wäre nicht glücklich, wenn ich keine Augen hätte.

Einen Sachtext bearbeiten

Situation: Die Klasse 2 b behandelt im Sachunterricht Meeresbewohner. Steven und Marco haben einen Sachtext über Quallen und Seeigel geschrieben. Dabei haben sie ein wichtiges Merkmal der Sachtexte nicht beachtet.

Keine persönliche Meinung abgeben.

● Lies den Sachtext. Streiche unpassende Sätze und schreibe den Text ins Heft.

Quallen

Quallen sind Hohltiere, die im Meer leben.
Im Sommer konnte ich Quallen in der Ostsee beobachten.
Sie bestehen zum größten Teil aus Wasser.
Ihre langen Fangarme sind häufig
mit giftigen Nesselkapseln besetzt.
Das Gift kann auf der Haut des Menschen brennen
und Quaddeln erzeugen.
Ich würde nicht baden,
wenn diese Tiere im Wasser schwimmen.
In der Ostsee sind es die Feuer- und Kompassquallen,
die diese Hautreizungen verursachen.

●● Lies die Stichpunkte. Streiche unwichtige Informationen durch. Schreibe einen Sachtext.

Seeigel
- leben auf dem Meeresgrund
- kugelig
- Größe eines Tennisballes
- nichts für die Hosentasche
- Panzer mit beweglichen Stacheln
- abgebrochene Stacheln sind gefährlich
- rufen sehr schmerzhafte Entzündungen hervor
- Seeigel keine Fantasie-Tiere
- hunderte winzige Saugfüßchen auf der Unterseite
- Maul an der Unterseite
- keine Augen
- sind sicherlich darüber sehr traurig

●●● Über welches Meerestier kannst du noch einen Sachtext schreiben?

Einen Sachtext schreiben

● Wähle jeweils einen Satz aus, der dir gefällt. Kreuze ihn an.

- o Es gibt Spinnen in vielen Arten und Größen.
- o In vielen Arten und Größen gibt es Spinnen.

- o So winzig wie ein Punkt ist die kleinste Spinne.
- o Die kleinste Spinne ist so winzig wie ein Punkt.

- o Die Spinnen haben acht Beine.
- o Acht Beine haben die Spinnen.

- o Wenn eine Spinne ein Bein verliert, wächst ein neues Bein nach.
- o Ein neues Bein wächst nach, wenn eine Spinne ein Bein verliert.

- o Wenn man zwei Spinnen einsperrt, dann kämpfen sie miteinander.
- o Sperrt man zwei Spinnen ein, kämpfen sie miteinander.

- o Alle Spinnen können mit Hilfe ihrer Spinndrüsen Netze weben.
- o Mit Hilfe ihrer Spinndrüsen können alle Spinnen Netze weben.

● ● Lies alle angekreuzten Sätze. Wenn dir der Text so nicht gefällt, tausche Sätze aus.

● ● ● Schreibe den Text in dein Heft.

Einen Sachtext schreiben

● Wähle jeweils einen Satz aus, der dir gefällt. Kreuze ihn an.

- o Es gibt Spinnen in vielen Arten und Größen.
- o In vielen Arten und Größen gibt es Spinnen.

- o So winzig wie ein Punkt ist die kleinste Spinne.
- o Die kleinste Spinne ist so winzig wie ein Punkt.

- o Die Spinnen haben acht Beine.
- o Acht Beine haben die Spinnen.

- o Wenn eine Spinne ein Bein verliert, wächst ein neues Bein nach.
- o Ein neues Bein wächst nach, wenn eine Spinne ein Bein verliert.

- o Wenn man zwei Spinnen einsperrt, dann kämpfen sie miteinander.
- o Sperrt man zwei Spinnen ein, kämpfen sie miteinander.

- o Alle Spinnen können mit Hilfe ihrer Spinndrüsen Netze weben.
- o Mit Hilfe ihrer Spinndrüsen können alle Spinnen Netze weben.

- o Vor 200 Jahren galten die Spinnen als Heilmittel gegen Grippe.
- o Die Spinnen galten vor 200 Jahren als Heilmittel gegen Grippe.

●● Lies alle angekreuzten Sätze. Wenn dir der Text so nicht gefällt, tausche Sätze aus.

●●● Schreibe den Text in dein Heft.

●●●● Welche Spinnenarten gibt es? Schreibe zu einer Art einen Text.

Wörter austauschen

Situation: Steven berichtet seinen Freunden über seine Urlaubserlebnisse. Er hat viel Neues und Interessantes erlebt. Zu allem, was Steven gut gefallen hat, sagt er „cool".

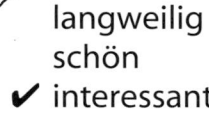

● Streiche das Wort **cool** durch.
Ersetze es durch ein passendes Wort.

1) Am Flughafen wurde mein Rucksack durchleuchtet.

   Ich sah alle meine Sachen, das war ~~cool~~.

   langweilig
   schön
   ✔ interessant

   interessant

2) Als ich aus dem Flugzeugfenster blickte, sah ich coole Häuser.

   komische
   winzige
   schnelle

3) Das Kinderprogramm im Flugzeug war cool.

   spannend
   klein
   lecker

4) Bei der Landung hatte ich ein cooles Gefühl im Bauch.

   farbenfrohes
   kribbelndes
   schmales

5) In unserer Ferienanlage gab es einen coolen Swimmingpool.

   riesengroßen
   hungrigen
   lustigen

6) Ein Kellner servierte uns coolen Ananas-Saft in einer Kokosnuss-Schale.

   weichen
   leckeren
   höflichen

7) In der Ferienanlage begrüßten uns coole Papageien.

   bunte
   tanzende
   weinende

●● Schreibe die Sätze ins Heft.

Wörter austauschen

Situation: Steven berichtet seinen Freunden über seine Urlaubserlebnisse. Er hat viel Neues und Interessantes erlebt. Zu allem, was Steven gut gefallen hat, sagt er „cool".

B

● Streiche das Wort **cool** durch.
Ersetze es durch ein passendes Wort.

1) Am Flughafen wurde mein Rucksack durchleuchtet.
Ich sah alle meine Sachen, das war ~~cool~~.   interessant

2) Als ich aus dem Flugzeugfenster blickte,
sah ich coole Häuser.

3) Das Kinderprogramm im Flugzeug war cool.

4) Bei der Landung hatte ich
ein cooles Gefühl im Bauch.

5) In unserer Ferienanlage gab es
einen coolen Swimmingpool.

6) Ein Kellner servierte uns coolen Ananas-Saft
in einer Kokosnuss-Schale.

7) In der Ferienanlage begrüßten uns
coole Papageien.

●● Schreibe die Sätze ins Heft.

Interessante Sätze schreiben

Sätze können langweilig klingen,
wenn sie zu kurz oder zu einfach sind.
Ein Text wird spannender und verständlicher,
wenn Personen, Tiere oder Dinge
genauer beschrieben werden.

● Lies die Sätze. Welcher Satz gefällt dir besser?
Markiere ihn und begründe deine Antwort.

🐎 **Der Indianer-Häuptling trug Schmuck.**

🐎 Der Indianer-Häuptling trug einen prächtigen Kopfschmuck aus Adlerfedern.

🐎 Der Indianer-Häuptling trug einen Schmuck aus Adlerfedern.

●● Schreibe einen interessanten Satz.
Wähle Wörter aus.

Marlene entdeckt ein Ungeheuer im See.

Bootfahrt
gefährlich
riesiger
Schreck
Nessi
fotografieren
erschrecken

Stefanie findet einen Ring.

Zauberring
wünschen
Mädchen
traurig
zurückgeben

Max erreicht als Erster das Ziel.

Gokartbahn
Autorennen
rasen
jubelt
Sekunde
Vorsprung

Interessante Sätze schreiben

Sätze können langweilig klingen, wenn sie zu kurz oder zu einfach sind. Ein Text wird spannender und verständlicher, wenn Personen, Tiere oder Dinge genauer beschrieben werden.

● Lies die Sätze. Welcher Satz gefällt dir besser? Markiere ihn und begründe deine Antwort.

🐎 **Der Indianer-Häuptling trug Schmuck.**

🐎 Der *stolze* Indianer-Häuptling trug einen prächtigen Kopfschmuck aus Adlerfedern.

🐎 Der Indianer-Häuptling trug einen Schmuck aus Adlerfedern.

🐎 Der Indianer-Häuptling trug stolz seinen mächtigen Kopfschmuck.

●● Bilde interessante Sätze. Schreibe sie auf.

Marlene sieht ein Ungeheuer im See.

Stefanie findet einen Ring.

Max erreicht als Erster das Ziel.

Merkmale beschreiben

A1

● Ordne die Wortgruppen den Gesichtern zu.
Markiere die Merkmale von Nafisa rot, die von Stine blau.

Nafisa　　　　　　　　　　　Stine

dunkle Kulleraugen	kleine, kurze Stupsnase
volle Lippen	breites, dunkelhäutiges Gesicht
mandelförmige Augen	breite, flache Nase
schmales, hellhäutiges Gesicht	herzförmige Lippen

●● Welche Gesichtsteile sind beim Beschreiben wichtig? Schreibe auf.

_____

●●● Wie sehen die Haare von Nafisa und Stine aus?
Ordne den Bildern zu und markiere wie in ●.

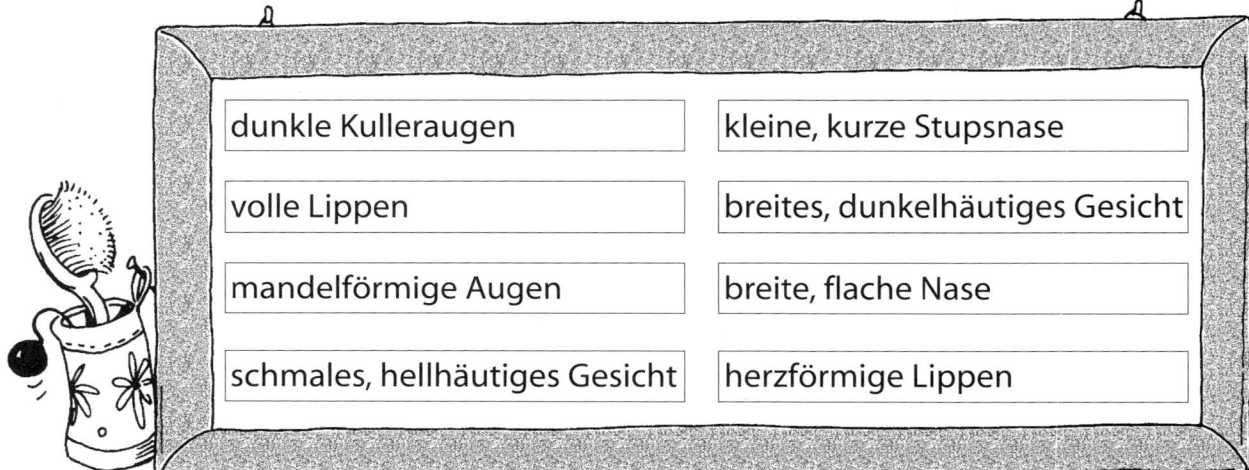

62

Elke Mauritius: Vom Satz zum Aufsatz
© Persen Verlag

Merkmale beschreiben

B1

● Ordne die Adjektive (Wiewörter) den Gesichtsmerkmalen zu.

rund · breit · schwarz · mandelförmig · lang · voll · kurz · schmal · grau · lockig · spitz · oval · schlitzförmig · dünn · kantig · hell · länglich · dunkel · rot · glatt · rund · herzförmig · eckig

Gesichtsform

Augen

Nase

Mund

●● Wie sieht Nafisa aus? Streiche die falschen Wortgruppen durch. Male das Bild an.

dunkle, runde Kulleraugen

volle, rote Lippen

blaue, mandelförmige Augen

schmales, hellhäutiges Gesicht

kleine, kurze Stupsnase

breites, dunkelhäutiges Gesicht

breite, flache Nase

herzförmige, rote Lippen

Nafisa

Elke Mauritius: Vom Satz zum Aufsatz
© Persen Verlag

Merkmale beschreiben

A2

● Ordne jedem Gesicht das richtige Merkmal zu.

Gesichtsform: schmal, rund, eckig, breit

 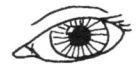 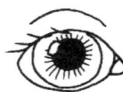 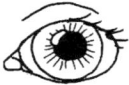

Augen: schmal, rund, mandelförmig, klein

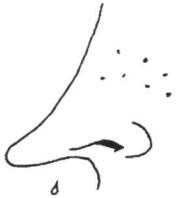  

Nase: breit, spitz, lang, stumpf

Lippen: voll, schmal, herzförmig

Haare: gelockt, glatt, lang, kurz, dünn, dick, dunkel, hell

Merkmale beschreiben

● Ordne jedem Gesicht und dem Haar das richtige Merkmal zu.

Gesichtsform		
Augen		
Nase		
Mund		
Haare		

●● Lies die Beschreibung von Dr. Schimak. Was fällt dir auf?
 a) Unterstreiche die Gesichtsmerkmale rot und besondere Merkmale blau.

Dr. Schimak ist ein Wissenschaftler, der wild lebende Tiere in der ganzen Welt beobachtet. Sein längliches, schmales Gesicht ist meist stark gebräunt, weil er häufig in Afrika arbeitet. Auf der linken Wange, dicht neben seiner breiten, kurzen Nase, hat er eine lange auffällige Narbe, die ihm eine gefährliche Katze zugefügt hat. Seine großen, dunkelbraunen Augen werden durch seine runde Brille noch vergrößert. Nach seinen langen Reisen trägt er häufig einen Vollbart. Seine schmalen Lippen werden durch ihn fast verdeckt.
Das braune Haar reicht ihm bis auf die Schulter.

 b) Male sein Gesicht ins Heft.

Einen Gegenstand beschreiben

Situation: Tom hat seinen Lieblings-Kugelschreiber in der Schule verloren.
Deshalb schreibt er eine Suchanzeige, die an der Informationstafel ausgehängt wird.
Tom beschreibt seinen Kugelschreiber ganz genau.

● Lies die Beschreibung.
Markiere die Teile verschiedenfarbig.

- Griffteil
- Mittelteil
- Oberteil

Wer hat meinen Kugelschreiber gefunden?

Mein Kugelschreiber besteht aus drei Teilen.
Das hellblaue Griffteil hat drei tiefe Rillen.
So kann ich ihn beim Schreiben besser halten.
Das Mittelteil ist schwarz
mit einer gelben Halterung am oberen Ende.
Damit die Mine hervorkommt,
drücke ich am Oberteil auf ein silberfarbenes Ufo.
Durch das Ufo ist ein schwarzes Band gezogen,
damit ich mir den Kugelschreiber
um den Hals hängen kann.
Wer mir meinen Lieblings-Kugelschreiber zurückbringt,
bekommt ein Eis spendiert.

Tom   Klasse 4a

●● Schreibe auf.

Teile	besondere Merkmale
Griffteil	
Mittelteil	
Oberteil	

Einen Gegenstand beschreiben

B1

Situation: Tom hat seinen Lieblings-Kugelschreiber in der Schule verloren. Deshalb schreibt er eine Suchanzeige, die an der Informationstafel ausgehängt wird. Tom beschreibt seinen Kugelschreiber ganz genau.

● In dieser Beschreibung fehlen wichtige Wörter. Ergänze sie.

Setze ein:
- gelbes Ufo
- tiefe Rillen
- schwarz
- Eis
- drei Teilen
- schwarzes Band

Wer hat meinen Kugelschreiber gefunden?
Mein Kugelschreiber sieht schöner aus als die meisten Stifte.

Er besteht aus _____.

Das hellblaue Griffteil hat mehrere _____.
So kann ich ihn beim Schreiben besser halten.

Das Mittelteil ist _____ mit einer gelben Halterung am oberen Ende.

Damit die Mine hervorkommt, drücke ich am Oberteil auf ein
_____.

Durch das Ufo ist ein _____ gezogen, damit ich mir den Kugelschreiber um den Hals hängen kann.
Wer mir meinen Lieblingskugelschreiber zurückbringt,
bekommt ein _____ spendiert. Tom Klasse 4a

●● Beschreibe deinen Lieblingsstift. Denke an folgende Teile:

Teile	besondere Merkmale
Griffteil	
Mittelteil	
Oberteil	

●●● Beschreibe deinen Stift wie in Aufgabe ●. Denke an Einleitung, Einzelheiten, Schluss.

Einen Gegenstand beschreiben

Situation: Während der Zugfahrt ins Schullandheim wird es Jessica und ihren Freundinnen langweilig. Sie geben sich gegenseitig Rätsel auf. Jessica beschreibt ihre Haarspange.

Mein Gegenstand ist aus Plastik. Er ist schmal, ungefähr 5 cm lang und gebogen wie eine Banane. Seine Farbe ist pink. In der Mitte sind drei bunte Blüten befestigt. Auf der Rückseite befindet sich eine Metallklammer.

● Jessica hat beim Beschreiben folgende Merkmale verwendet:

die **Größe**   die **Farbe**   die **Form**   das **Material**   **besondere Merkmale**

Markiere sie verschiedenfarbig im Text.

Gameboy

Flummi

Freundschaftsband

●● Beschreibe diese Gegenstände wie Jessica.

Diese Stichwörter können dir beim Beschreiben helfen:

- 🐑 Gummi · durchsichtig · kugelförmig · Größe wie ein Tischtennisball · hüpft und springt · ein lachendes Gesicht

- 🐑 metallfarben · Plastik · blau · mit Display und Druckknöpfen · handflächengroß

- 🐑 Wolle · bunt · weich · länglich · schmückt das Handgelenk

Einen Gegenstand beschreiben

Situation: Während der Zugfahrt ins Schullandheim wird es Jessica und ihren Freundinnen langweilig. Sie geben sich gegenseitig Rätsel auf. Jessica beschreibt ihre Haarspange.

Mein Gegenstand ist aus Plastik. Er ist schmal, ungefähr 5 cm lang und gebogen wie eine Banane. Seine Farbe ist pink. In der Mitte sind drei bunte Blüten befestigt. Auf der Rückseite befindet sich eine Metallklammer.

- Ordne die Merkmale der Haarspange in die Tabelle ein.
- Schreibe weitere passende Merkmale auf.

Größe	Form	Farbe	Material
handflächengroß	rund	himmelblau	Holz
	eiförmig	metallfarben	Glas

- Beschreibe folgende Gegenstände wie Jessica. Nutze dabei die Tabelle.

Gameboy

Flummi

Freundschaftsband

- Beschreibe weitere Gegenstände. Lass deine Nachbarn raten.

Satzanfänge beachten

Situation: Sarah hat sich zum Fasching als Clown geschminkt.
Für ihre Mitschüler hat sie aufgeschrieben,
wie sie das gemacht hat.

● Unterstreiche die Satzanfänge. Was stellst du fest?

1) Zuerst legst du farbige Schminke, einen knallroten Lippenstift und einen braunen Schminkstift bereit.

2) Dann malst du das ganze Gesicht mit weißer Schminke an.

3) Dann ziehst du mit dem Schminkstift einen großen Kreis um die Augen.

4) Dann schminkst du den Kreis mit blauer Farbe.

5) Dann zeichnest du mit dem Schminkstift einen großen, breiten Bogen um den Mund und malst ihn mit grüner Schminke aus.

6) Dann malst du die Lippen mit dem Lippenstift nach.

7) Dann pinselst du die Nasenspitze rot an.

8) Zum Schluss setzt du eine grüne Perücke auf.

●● Verändere Satzanfänge. Schreibe den Text ins Heft.

Solche Satzanfänge kannst du verwenden:

Danach… Nachdem… Darauf… Anschließend… Später… Jetzt… Nun…

Satzanfänge beachten

Situation: Du schreibst für deine Mitschüler die Anleitung, wie man sich als Clown schminken kann.

Diese Satzanfänge kannst du verwenden:

Zunächst... Zuerst...
Danach... Nun... Darauf...
Anschließend... Jetzt...
Zum Schluss... Zuletzt...

● Schreibe die Anleitung. Beachte die Satzanfänge.

1) farbige Schminke, einen knallroten Lippenstift und einen braunen Schminkstift bereitlegen

2) das ganze Gesicht mit weißer Schminke anmalen

3) mit dem Augenbrauenstift einen großen Kreis um die Augen ziehen

4) den Kreis mit blauer Farbe schminken

5) mit dem Schminkstift einen großen, breiten Bogen um den Mund zeichnen und ihn mit grüner Schminke ausmalen

6) die Lippen mit dem Lippenstift nachmalen

7) die Nasenspitze rot anpinseln

8) eine grüne Perücke aufsetzen

●● Lies deinem Partner die Beschreibung vor.

●●● Male den Clown nach der Beschreibung an.

Elke Mauritius: Vom Satz zum Aufsatz
© Persen Verlag

Eine Tätigkeit beschreiben

Situation: Sabrina hat Geschenkpapier selbst gestaltet.
Ihre Freundin ist begeistert.
Sie möchte es auch probieren.
Sabrina erklärt ihr genau, was sie tun muss.

● Ersetze **mache** durch ein genaueres Wort. Diese Wörter kannst du nutzen:

lege · aufstreiche · bügle · stelle her · auftrage · übertrage · klebe

Zuerst ~~mache~~ ich einen Stempel.
Ich lege Moosgummi, einen Bleistift, einen Korken, eine Schere,
Packpapier und Klebstoff bereit.   ✎ stelle ... her

Mit einem Bleistift mache ich die Schablone auf das Moosgummi
und schneide danach die Blüte aus. ✎

Auf die Moosgummiblüte mache ich Klebstoff
und klebe das Moosgummi auf den Korken.
✎

Vor dem Bedrucken mache ich das Packpapier mit dem Bügeleisen glatt.
✎

Zum Schluss mache ich Lackfarbe auf den Stempel
und bedrucke das Packpapier. ✎

Eine Tätigkeit beschreiben

B1

Situation: Sabrina hat Geschenkpapier selbst gestaltet.
Ihre Freundin ist begeistert.
Sie möchte es auch probieren.
Sabrina erklärt ihr genau, was sie tun muss.

● Lies den Text. Streiche das Wort **mache** durch.

Geschenkpapier herstellen

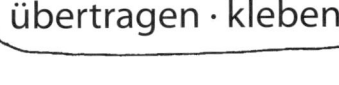

Zuerst ~~mache~~ ich einen Stempel.

Ich mache Moosgummi, einen Bleistift,
einen Korken, eine Schere,
Packpapier und Klebstoff bereit.

Diese Wörter kannst du einsetzen:
legen · aufstreichen ·
bügeln · herstellen ·
auftragen ·
übertragen · kleben

Mit einem Bleistift mache ich die Schablone
auf das Moosgummi und schneide danach die Blüte aus.

Auf die Moosgummiblüte mache ich Klebstoff.

Jetzt mache ich das Moosgummi auf den Korken.

Vor dem Bedrucken mache ich das Packpapier
mit dem Bügeleisen glatt.

Zum Schluss mache ich Lackfarbe auf den Stempel
und bedrucke das Packpapier.

●● Ersetze **mache** durch ein genaueres Wort. Schreibe den Text ins Heft.

Eine Tätigkeit beschreiben

Situation: Sabrina erklärt ihrer Freundin, wie sie das Geschenkpapier hergestellt hat. Dabei verwendet sie häufig das Wort **dann**.

Diese Wörter kannst du einsetzen:
anschließend · nun · jetzt · darauf · nachdem · danach · schließlich · später

● Streiche einige Satzanfänge durch. Ersetze sie durch ein anderes Wort.

Geschenkpapier herstellen

Zuerst stelle ich einen Stempel her.

D~~ann~~ lege ich Moosgummi, einen Bleistift, einen Korken, eine Schere, Packpapier und Klebstoff bereit.

Jetzt

Dann übertrage ich mit einem Bleistift die Schablone auf das Moosgummi.

Und dann schneide ich die Blüte vorsichtig aus.

Dann trage ich den Klebstoff dünn auf eine Seite der Moosgummi-Blüte auf.

Und dann klebe ich sie auf den Korken.

Dann bügle ich das Packpapier mit schwacher Hitze glatt.

Zum Schluss streiche ich Lackfarbe auf den Stempel und bedrucke das Packpapier.

Eine Tätigkeit beschreiben

Situation: Sabrina erklärt ihrer Freundin, wie sie das Geschenkpapier hergestellt hat. Dabei verwendet sie häufig das Wort **dann**.

- Streiche einige Satzanfänge durch. Ersetze sie durch ein anderes Wort.

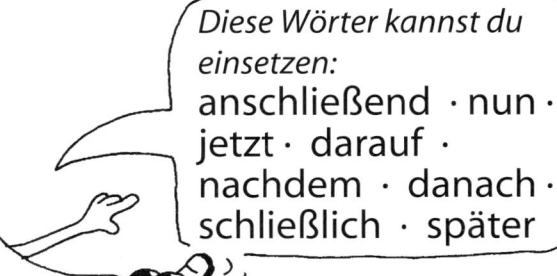

Diese Wörter kannst du einsetzen:
anschließend · nun · jetzt · darauf · nachdem · danach · schließlich · später

Geschenkpapier herstellen

Zuerst stelle ich einen Stempel her.

~~Dann~~ lege ich Moosgummi, einen Bleistift, einen Korken, eine Schere, Packpapier und Klebstoff bereit.

Jetzt

Dann übertrage ich mit einem Bleistift die Schablone auf das Moosgummi.

Und dann schneide ich die Blüte vorsichtig aus.

Dann trage ich den Klebstoff dünn auf eine Seite der Moosgummi-Blüte auf.

Und dann klebe ich sie auf den Korken.

Dann bügle ich das Packpapier mit schwacher Hitze glatt.

Zum Schluss streiche ich Lackfarbe auf den Stempel und bedrucke das Packpapier.

Fertige dir selbst eine Schablone an.

- Schreibe die Beschreibung in der unpersönlichen „Man-Form".
- Drucke nach dieser Anleitung dein eigenes Geschenkpapier.

Treffende Wörter einsetzen

Situation: Gestaltet euren Klassenraum mit einem Mobile aus euren Passfotos.

● Lies die Anleitung. Schreibe auf, was auf den Materialtisch gehört.

🦙 Schere   🦙 _____

🦙 Klebestift   🦙 _____

🦙 _____   🦙 _____

●● Was fällt dir auf?
Ersetze das Wort **macht** durch ein treffenderes Wort.

1) Zuerst ~~macht~~ ihr einen Materialtisch.

        bereitet ... **vor.**

- vorbereiten
- putzen
- vorfertigen

2) Ihr nehmt einen Klebestift und macht zwei Passfotos mit den Rückseiten aneinander.
_____

- spinnen
- kleistern
- kleben

3) Während die aneinander geklebten Passfotos trocknen, macht ihr die Zweige auf eine Länge von 30 cm.
_____

- schreiben
- schneiden
- hacken

4) Mit einer dicken Stopfnadel macht ihr ein Loch in den oberen Rand der Passfotos und knotet die 25 cm lange Angelschnur daran.
_____

- stochern
- stechen
- kneifen

5) An jedes Ende des Zweiges macht ihr ein vorbereitetes Passfoto mit der Angelschnur an.
_____

- anbringen
- annageln
- anbinden

6) Zum Schluss macht ihr alle Zweige zu einem Mobile zusammen.
_____

- bauen
- bringen
- binden

Treffende Wörter einsetzen

Situation: Gestaltet euren Klassenraum mit einem Mobile aus euren Passfotos.

● Lies die Anleitung. Schreibe auf, was auf den Materialtisch gehört.

🦙 Schere

🦙 Klebestift

🦙 _____

🦙 _____

🦙 _____

🦙 _____

●● Was fällt dir auf?
Verändere ein Verb (Tuwort) in jedem Satz.

1) Zuerst ~~macht~~ ihr einen Materialtisch.

   bereitet ...   vor.

2) Ihr nehmt den Klebestift und macht zwei Passfotos mit den Rückseiten aneinander.

3) Während die aneinander geklebten Passfotos trocknen, macht ihr die Zweige auf eine Länge von 30 cm.

4) Mit einer dicken Stopfnadel macht ihr ein Loch in den oberen Rand der Passfotos und knotet die 25 cm lange Angelschnur daran.

5) An jedes Ende des Zweiges macht ihr ein vorbereitetes Passfoto mit der Angelschnur an.

6) Zum Schluss macht ihr alle Zweige zu einem Mobile zusammen.

Wortlisten:
- benötigen
- bedürfen
- vorbereiten
- bereitstellen
- brauchen
- vorfertigen
- bauen

- befestigen
- festmachen
- anmachen
- anbringen
- annageln
- anbinden

- kitten
- kleistern
- zusammenkleben
- kleben

- schnitzen
- zuschneiden
- sägen
- schneiden
- spalten
- zerlegen

- stochern
- pieken
- pieksen
- stechen
- kneifen

- anbringen
- flechten
- knüpfen
- binden
- schnüren
- verbinden

Elke Mauritius: Vom Satz zum Aufsatz
© Persen Verlag

Eine Spielbeschreibung

● Die Spielanleitung **Undercover** ist durcheinander geraten.
Schneide die Sätze aus
und klebe sie in der richtigen Reihenfolge auf.

> Die Lehrerin geht herum und sammelt einige
> unterschiedliche Gegenstände ein (Armbanduhr, Schlüssel, Bleistift, …).

> Jetzt dürfen sich alle Kinder um den Tisch versammeln.
> Jeder darf alle Gegenstände abtasten.

> Die Kinder sitzen mit geschlossenen Augen auf ihren Plätzen.

> Für jeden richtig erkannten Gegenstand gibt es einen Punkt.
> Wer die meisten Punkte erhalten hat, gewinnt das Spiel.

> Wer an der Reihe war, setzt sich schnell hin und schreibt auf,
> welche Gegenstände er erkannt hat.

> Diese Dinge werden auf einen Tisch gelegt
> und mit einer Decke abgedeckt.

●● Spielt das Spiel **Undercover**.

Eine Spielbeschreibung

● Die Spielanleitung **Undercover** ist durcheinander geraten.
Schneide die Sätze aus
und klebe sie in der richtigen Reihenfolge auf.

> Die Lehrerin geht herum und sammelt einige
> unterschiedliche Gegenstände ein (Armbanduhr, Schlüssel, Bleistift, …).

> Jetzt dürfen sich alle Kinder um den Tisch versammeln.
> Jeder darf alle Gegenstände abtasten.

> Die Kinder sitzen mit geschlossenen Augen auf ihren Plätzen.

> Für jeden richtig erkannten Gegenstand gibt es einen Punkt.
> Wer die meisten Punkte erhalten hat, gewinnt das Spiel.

> Wer an der Reihe war, setzt sich schnell hin und schreibt auf,
> welche Gegenstände er erkannt hat.

> Diese Dinge werden auf einen Tisch gelegt
> und mit einer Decke abgedeckt.

●● Markiere die Satzanfänge. Was stellst du fest?

●●● Schreibe dein Lieblingsspiel auf. Beachte:

- **Material**…?
- **Wie viele Spieler**…?
- **Ablauf des Spieles**?
- **Sieger**?

●●●● Überprüfe deine Spielanleitung: Ist sie vollständig?
Reihenfolge? Satzanfänge?

 Überprüfe die Satzanfänge.

 Schreibe den Text mit (mehr) wörtlicher Rede auf.

 Finde eine andere Überschrift.

 Prüfe, ob alle wichtigen Informationen enthalten sind.

 Prüfe die Reihenfolge.

 Überprüfe die Einleitung der Geschichte.

- Wer?
- Wo?
- Wann?

 Streiche unwichtige Sätze.

 Überprüfe den Schluss der Geschichte.

 Tausche einige Wörter aus.

 Überprüfe, wo ein Satz zu Ende ist ●

 Ergänze im Hauptteil Gedanken und Gefühle der Personen.

- Was passiert?
- Welche Gedanken und Gefühle haben die wichtigen Personen?

Wir überarbeiten eine Nachricht

Überarbeite mit .

Situation: Sina schreibt am Nachmittag eine Nachricht für ihre Schwester.

> Hallo Samira,
> Mutti kommt heute später.
> Ich will aber noch mit Franzi zum Volleyball gehen.
> Danach ist es schon dunkel.
> Kannst du mich abholen?
> Sina

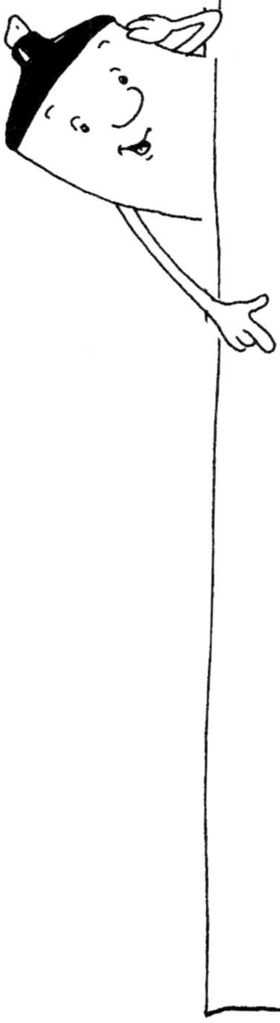

Wir überarbeiten eine Einladung

Überarbeite mit  und .

1) **Einladung**

Liebe Mira!
Ich lade dich herzlich ein.
Mein Fest findet in der Sporthalle statt.
Bitte bring deine Sportschuhe und gute Laune mit.
Deine Mareile

2) **Einladung**

Ich lade Sie herzlich zu unserem 1. Schülerkonzert ein.
Die Aufführung findet am Freitag, dem 1. September 2004, in der Musikschule statt wir beginnen unser Konzert pünktlich 19.00 Uhr.

1)

2)

Wir überarbeiten eine Eintragung ins Klassentagebuch

Überarbeite mit 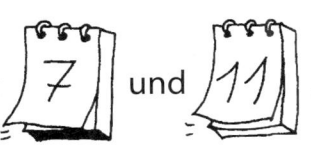 und .

> Gestern hatte ich mit Stefan Streit.
> Erst hat er mir die Mütze weggenommen
> und dann hat er gelacht und dann hat er mich
> noch weiter geärgert und dann haben wir uns geprügelt
> und dann habe ich geweint
> und dann ist Frau Schwarz gekommen.
> Die hat gesagt: „Hört auf damit!"
> Und dann haben wir geredet und dann hat einer gesagt,
> dass wir uns entschuldigen sollen.
>
> Michael

Wir überarbeiten einen Sachtext

Überarbeite mit 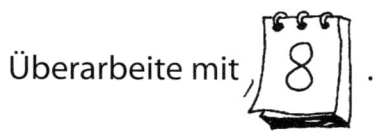.

Windkraftwerke

Strom wird in verschiedenen Kraftwerken erzeugt.
Es gibt Kohlekraftwerke, Wasserkraftwerke
und Windkraftwerke. Dazu kann man draußen
die Windräder sehen. Als wir an die Ostsee gefahren sind,
habe ich welche gesehen.
Dort bewegt der Wind eine Art Propeller
und der treibt dann einen großen Dynamo an.
Dadurch entsteht Strom. Leider funktionieren
diese Kraftwerke nur, wenn der Wind weht.
Mutti sagt manchmal:
„Lass dir mal etwas Wind um die Nase wehen."
Dann meint sie, ich soll nach draußen gehen.
Die Windräder sind riesig.

Wir überarbeiten eine Geschichte

Überarbeite mit .

An manchen Tagen geht einfach alles schief.
Seitdem mein kleiner Bruder da ist,
gibt es diese Tage noch viel öfter.
Gestern hat er die ganze Nacht geschrien.
Mama steckte sich Watte in die Ohren
und hörte den Wecker nicht.
Papa hat den Wecker ausgestellt
und weitergeschlafen.
Plötzlich war große Hektik bei uns.
Ich fand nichts so schnell zum Anziehen.
Das Frühstück fiel auch aus.

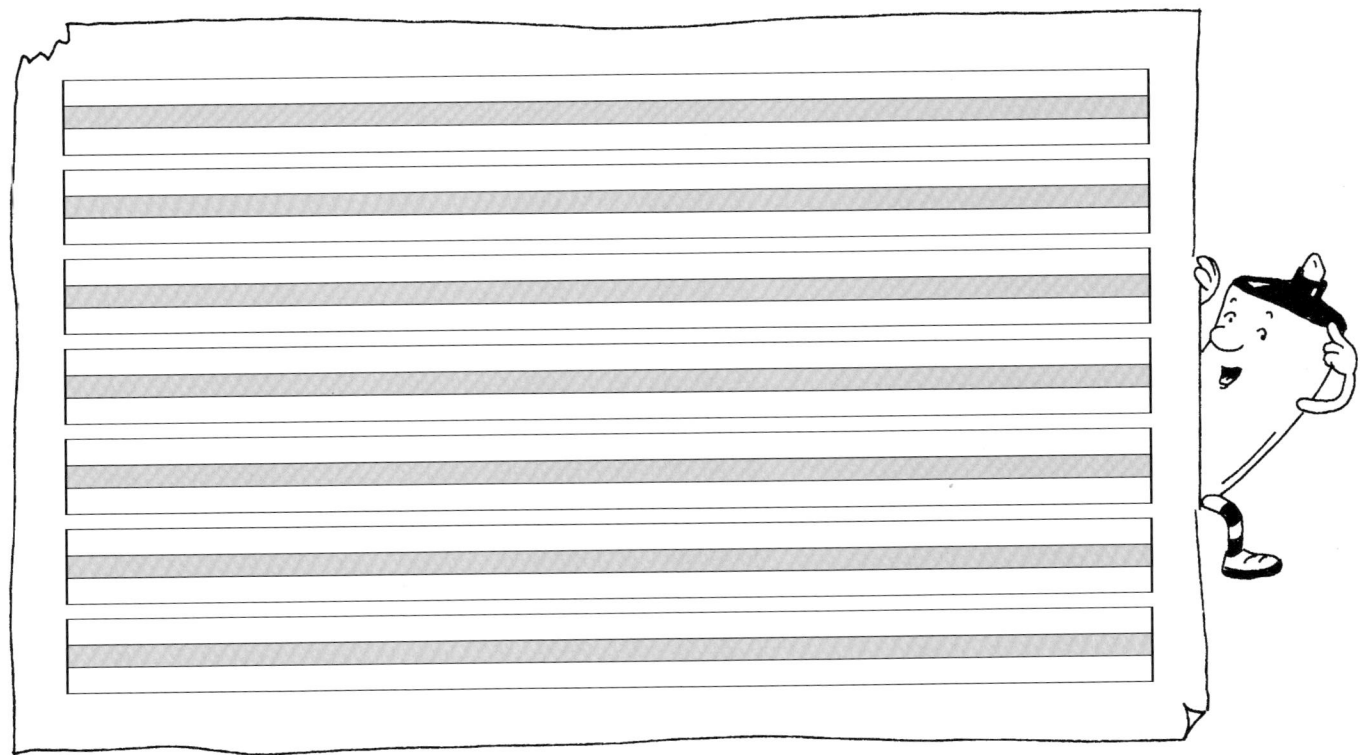

Wir überarbeiten eine Geschichte

Überarbeite die Geschichte mit ,  und .

Post

Meike freut sich riesig.
In den Sommerferien wird sie endlich
Susanne wieder treffen. Seit drei Jahren
hat Meike ihre beste Freundin nicht mehr gesehen.
Susanne wohnt jetzt in Afrika, weil ihre Eltern dort
an einem Forschungsprojekt mitarbeiten.
Meike will den Brief gleich beantworten
und da fällt ihr ein, dass Susanne sie nur
mit kurzen Haaren kennt und dann sieht sie
vielleicht schon anders aus
und dann kramt sie aufgeregt in ihrer Fotokiste
und wählt einige Fotos von ihrer letzten
Geburtstagsparty aus.
Dann setzt sich Meike an ihren Schreibtisch
und schreibt einen langen Brief
und bevor sie den Brief verschließt,
legt sie die Fotos dazu und
jetzt hat Meike es eilig
und sie möchte den Brief noch vor 18.00 Uhr
im Postamt aufgeben.

Wir überarbeiten eine Beschreibung

Überarbeite den Text mit .

Situation: Du sollst deine Tante vom Flughafen abholen und nimmst deine Freundin Mia mit.
Damit auch Mia deine Tante schnell unter den vielen Leuten erkennt, beschreibst du sie deiner Freundin so:

Deine Tante hat einen langen Flug hinter sich.
Sicher sieht sie müde aus.
Sie ist eine sehr hübsche, schlanke Frau.
Sie hat ein schmales Gesicht, das von der Sonne gebräunt ist.
Ihr Haar ist schulterlang und glatt.
Häufig hat sie es mit einer großen Haarspange hochgesteckt.
Ihre schmalen Lippen schminkt sie sich meist dunkelbraun.

Wir überarbeiten eine Beschreibung

Überarbeite den Text mit  ,  und  .

Einen Stempel machen

1) Zuerst mache ich die Kartoffel quer durch.

2) Bevor ich mit der Arbeit beginne, stelle ich Materialien zusammen. Auf den Materialtisch lege ich eine große Kartoffel, ein scharfes Messer, einen flachen Pinsel, Stoffmalfarbe und eine Tischdecke zum Bedrucken.

3) Mit einem scharfen Messer mache ich von der Kartoffelhälfte so viel ab, dass mein Stempelbild erhöht stehen bleibt.

4) Auf die Schnittfläche einer Kartoffelhälfte male ich das ausgewählte Motiv auf.

5) Jetzt bedrucke ich die Tischdecke mit dem Stempel.

6) Vor dem Drucken mache ich mit einem Pinsel die Stoffmalfarbe auf den Stempel.

7) Zum Schluss hänge ich die bedruckte Tischdecke zum Trocknen auf.

Wir überarbeiten eine Beschreibung

Überarbeite mit  6 und 11.

Bunte Ostereier

1) Zuerst bereite ich den Materialtisch vor. Ich lege weiße, ausgeblasene Hühnereier, verschiedenfarbige Ostereierfarbe, Vaseline, einen weichen Lappen und eine alte Zahnbürste bereit.

2) Dann mache ich Vaseline auf die Zahnbürste.

3) Dann streiche ich die Vaseline an einigen Stellen dünn auf das ausgeblasene Ei.

4) Dann tauche ich das Ei in die kalte Farblösung.

Beim Färben beginne ich immer mit der hellsten Farbe.

5) Nach dem Trocknen mache ich wieder Vaseline auf das Ei.

6) Dann tauche ich das Ei in eine andere Farblösung und lasse das Ei trocknen.

7) Dann mache ich mit einem weichen Lappen die Vaseline ab.

Alle Unterrichtsmaterialien
der Verlage Auer, AOL-Verlag und PERSEN

» jederzeit online verfügbar

lehrerbuero.de
Jetzt kostenlos testen!

 **lehrerbüro**

Das **Online-Portal** für Unterricht und Schulalltag!